大原の簿記シリーズ

理論問題集

日商簿記 1 級

全経簿記 上級

資格の大原 簿記講座 編

大原出版

まえがき

　理論問題は会計の原理および諸規則を正確に理解しているかどうかを問うもので、曖昧な知識では正解を導き出すことはできません。これらの知識をしっかり身に付けるためには、諸規則等をしっかりと理解し、必要な事項を暗記することが不可欠です。

　しかし、机に向かっての理論学習はなかなか捗りません。そこで、通勤・通学の時間を有効に活用してもらうために本書を開発しました。本書は携帯サイズですから、いつでも、どこでも、学習することができます。

　受験生は計算問題の学習に時間を費やし、理論問題の学習を後回しにしがちです。しかし、合格のためには、計算問題だけでなく、理論問題でもバランスよく得点することが必要です。日本商工会議所簿記検定1級や全国経理教育協会簿記検定上級はレベルが高く、競争試験の性格が強いため、理論問題一つの出来不出来が合否に大きく影響します。従って、計算問題だけでなく、理論問題の重要性も念頭において学習を進めて頂きたく思います。本書を有効に活用し合格を勝ち取ってください。

― 学習にあたって ―

近年、会計諸基準、諸規則等が頻繁に改正されております。つきましては、改正等の最新情報を、下記にてご確認の上、ご利用ください。

「資格の大原」書籍販売サイト　大原ブックストア
https://www.o-harabook.jp/「トピックス(正誤・改正情報)」

CONTENTS
目次

商業簿記・
会計学対策
編

CONTENTS

目次

v

付　録

C
O
N
T
E
N
T
S

目次

(注)本問題集における解答は当社編集部で作成したものです。

● 本書の特長 ●●●●●●●●

1. 項目ごとに問題を収録

　本書は、学習がしやすいように、穴埋め問題、語句の正誤判定問題、内容の正誤判定（○×）問題等を項目ごとに収録しています。苦手な項目を集中的に学習することができるなど、効率よく学習が行えます。

2. 原価計算基準も収録

　本書は、商業簿記・会計学対策としての会計諸基準等に基づいた理論問題の他、工業簿記・原価計算対策として原価計算基準穴埋め問題も収録しています。日商簿記1級・全経簿記上級等の受験対策も万全です。

3. コンパクトサイズ

　通勤・通学の時間も有効に活用し、理論学習をしてもらうために本書を開発しました。コンパクトサイズの本書なら、持ち運びが便利でいつでもどこでも学習が行えます。

4. カラーシート付き

　本書は、解答が隠せるカラーシートが付いています。問題解答形式で学習効果を高めることができます。

本書の利用について

本書は、日商簿記1級と全経簿記上級等の理論対策問題集です。商業簿記・会計学対策編(穴埋め問題、語句の正誤判定問題、内容の正誤判定問題、記述問題)と工業簿記・原価計算対策編(穴埋め問題)の2部構成となっています。

商業簿記・会計学対策編

日商簿記1級および全経簿記上級における商業簿記・会計学の理論問題としては、主に下記の形式で出題されています。

> ① 穴埋め問題
> ② 語句の正誤判定問題
> ③ 内容の正誤判定問題
> ④ 記述問題

1 穴埋め問題

穴埋め問題とは、規定文等の文章の一部が空欄となっており、その空欄に入る用語を答える問題です。

2 語句の正誤判定問題

語句の正誤判定問題とは、規定文等の文章における下線部の語句が誤っている場合には、適当な語句を答える問題です。

3 内容の正誤判定問題

内容の正誤判定問題とは、文章について、正しいものには○を、誤っているものには×とし、×としたものは、その理由も答える問題です。

4 記述問題

記述問題とは、用語の定義等、問題で問われていることに対して、記述形式で答える問題です。

本書では、項目ごとに上記の出題形式を収録しています。

穴埋め問題

21項目に分類して、項目ごとに穴埋め問題、語句の正誤判定問題等を収録しています。

解答部分がカラーシートで隠せるようになっています。

各問題の重要度を示しています。
※★の数が多いほど重要度が高くなります。

解答の根拠となる規定等の番号を記載しています。

チェック欄を掲載しています。解答後は「解答日」「解答の正・誤」等を記入することにより、どこが苦手なのかを把握することができます。

語句の正誤判定問題

問題のすぐ下に解答が掲載されているため、問題解答後、その都度解答を確認することができます。また、解答部分がカラーシートで隠せるようになっています。

内容の正誤判定問題

問題と解答が見開きで確認できるようになっているため、問題解答後、その都度解答を確認することができます。また、解答部分がカラーシートで隠せるようになっています。

記述問題

問題のすぐ下に解答が掲載されているため、問題解答後、その都度解答を確認することができます。また、解答部分がカラーシートで隠せるようになっています。

工業簿記・原価計算対策編

　日商簿記1級および全経簿記上級における工業簿記・原価計算の理論問題としては、主に原価計算基準の穴埋め問題が出題されています。

　本書では、原価計算基準をすべて掲載し、重要な用語等を空欄にした穴埋め問題を収録しています。

原価計算基準のすべてを穴埋め問題として収録しています。

解答部分がカラーシートで隠せるようになっています。

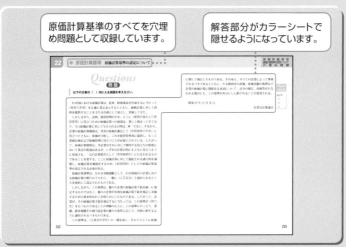

◆商業簿記・会計学対策編◆

Questions
問題

Check! & Check!

以下の文章の（　）内に入る用語を考えなさい。

DATE
/
/
/

1 　企業会計が成立するための基本的前提を会計公準といい、企業実体の公準、（継続企業）の公準、および貨幣評価の公準がある。

重要度 ★ ★ ★

DATE
/
/
/

2 　企業会計は、企業の財政状態および経営成績に関して、（真実な報告）を提供するものでなければならない。

【企業会計原則・一般原則・一（真実性の原則）】　　　重要度 ★ ★ ★

DATE
/
/
/

3 　企業会計は、すべての取引につき、（正規の簿記）の原則に従って、正確な（会計帳簿）を作成しなければならない。

【企業会計原則・一般原則・二（正規の簿記の原則）】　重要度 ★ ★ ★

DATE
/
/
/

4 　資本取引と損益取引とを明瞭に区別し、特に（資本剰余金）と利益剰余金とを混同してはならない。

【企業会計原則・一般原則・三（資本取引・損益取引区分の原則）】重要度 ★ ★ ★

Check!
&
Check!

5 　企業会計は、財務諸表によって、（利害関係者）に対し必要な会計事実を（明瞭）に表示し、企業の状況に関する判断を誤らせないようにしなければならない。

【企業会計原則・一般原則・四（明瞭性の原則）】　　　　重要度 ★ ★ ★

DATE
/
/
/

6 　企業会計は、その処理の（原則）および手続きを（毎期継続）して適用し、みだりにこれを変更してはならない。

【企業会計原則・一般原則・五（継続性の原則）】　　　　重要度 ★ ★ ★

DATE
/
/
/

7 　企業の財政に不利な影響を及ぼす可能性がある場合には、これに備えて適当に（健全な会計処理）をしなければならない。

【企業会計原則・一般原則・六（保守主義の原則）】　　　　重要度 ★ ★ ★

DATE
/
/
/

Questions
問題

以下の文章の（　）内に入る用語を考えなさい。

DATE
/
/
/

1 　株主総会提出のため、信用目的のため、租税目的のため等種々の目的のために異なる形式の財務諸表を作成する必要がある場合、それらの内容は、信頼しうる（会計記録）に基づいて作成されたものであって、政策の考慮のために事実の（真実な表示）をゆがめてはならない。

【企業会計原則・一般原則・七（単一性の原則）】　　　　　重要度★★★

DATE
/
/
/

2 　企業会計は、定められた会計処理の方法に従って正確な計算を行うべきものであるが、企業会計が目的とするところは、企業の財務内容を明らかにし、企業の状況に関する利害関係者の判断を誤らせないようにすることにあるから、（重要性）の乏しいものについては、本来の厳密な会計処理によらないで他の簡便な方法によることも、（正規の簿記）の原則に従った処理として認められる。

【企業会計原則・注解 1（重要性の原則）】　　　　　重要度★★★

DATE
/
/
/

3 　会計方針とは、財務諸表の作成にあたって採用した（会計処理の原則）および手続きをいう。

【会計方針の開示、会計上の変更及び誤謬の訂正に関する会計基準 4（1）】
　　　　　重要度★★★

4 　後発事象とは、決算日後に発生した会社の（財政状態）、経営成績およびキャッシュ・フローの状況に影響を及ぼす（会計事象）をいう。

【後発事象に関する監査上の取扱い・2（4）】　　　　重要度 ★ ★ ★

5 　損益計算書は、企業の（経営成績）を明らかにするため、一会計期間に属するすべての収益とこれに対応するすべての費用とを記載して経常利益を表示し、これに特別損益に属する項目を加減して（当期純利益）を表示しなければならない。

【企業会計原則・損益計算書原則・一】　　　　重要度 ★ ★ ★

Questions

問題

以下の文章の（　）内に入る用語を考えなさい。

DATE
/
/
/

1　すべての費用および収益は、その支出および収入に基づいて計上し、その（発生した期間）に正しく割当てられるように処理しなければならない。ただし、（未実現収益）は、原則として、当期の損益計算に計上してはならない。

【企業会計原則・損益計算書原則・一A】　　　　　重要度 ★★★

DATE
/
/
/

2　費用および収益は、（総額）によって記載することを原則とし、費用の項目と収益の項目とを直接に相殺することによってその全部または一部を（損益計算書）から除去してはならない。

【企業会計原則・損益計算書原則・一B】　　　　　重要度 ★★★

DATE
/
/
/

3　費用および収益は、その（発生源泉）に従って明瞭に分類し、各収益項目とそれに関連する費用項目とを損益計算書に（対応表示）しなければならない。

【企業会計原則・損益計算書原則・一C】　　　　　重要度 ★★★

4　貸借対照表は、企業の（財政状態）を明らかにするため、貸借対照表日におけるすべての資産、負債および純資産を記載し、株主、債権者その他の利害関係者にこれを正しく表示するものでなければならない。ただし、（正規の簿記の原則）に従って処理された場合に生じた（簿外資産）および簿外負債は、貸借対照表の記載外におくことができる。

【企業会計原則・貸借対照表原則・一】　　　　　　　　重要度★★★

5　貸借対照表は、資産の部、負債の部および純資産の部の三区分に分ち、さらに資産の部を（流動資産）、固定資産および（繰延資産）に、負債の部を流動負債および（固定負債）に区分しなければならない。

【企業会計原則・貸借対照表原則・二】　　　　　　　　重要度★★★

Questions
問題

以下の文章の（　）内に入る用語を考えなさい。

DATE
/
/
/

1 　資産および負債は、原則として（正常営業循環基準）と（一年基準）とで、流動項目と固定項目とに分類される。受取手形や支払手形には前者の基準が適用される。

【企業会計原則・注解 16】　　　　　　　　　　　　重要度★★★

DATE
/
/
/

2 　費用収益の対応形態には、個別的対応と（期間的対応）という二つの対応があるが、今日の期間損益計算における対応は、後者の形式の方が多い。

重要度★★★

DATE
/
/
/

3 　重要性の原則は、一般原則の中に独立した形では、取上げていない。代わりに、処理原則としての重要性の原則は（正規の簿記の原則）に、表示原則としての重要性の原則は（明瞭性の原則）に含まれていると解釈できる。

重要度★☆☆

Check!
&
Check!

4 企業会計の領域は、会計情報を受取る相手の違いにより、財務会計と（管理会計）とに区分される。

重要度★★☆

DATE
/
/
/

5 （企業会計原則）は、企業会計の実務の中に慣習として発達したもののなかから、一般に（公正妥当）と認められたところを要約したものであって、必ずしも法令によって強制されないでも、すべての企業がその会計を処理するに当たって従わなければならない基準である。

【企業会計原則の設定について・二 1】

重要度★★★

DATE
/
/
/

6 前払費用のうち（長期前払費用）は、貸借対照表上、投資その他の資産の区分に記載する。

【企業会計原則・注解 16】

重要度★★★

DATE
/
/
/

Questions
問題

以下の文章について、下線部のいずれかに語句の誤りが存在するものがある。誤りがある場合には、その記号（a〜c）およびそれに代わる適当な語句を考えなさい。誤りがない場合には、○印とする。

1 損益計算書には、<u>営業損益計算</u>a、<u>経常損益計算</u>b および<u>特別損益計算</u>c の区分を設けなければならない。

記号	適当な語句
c	純損益計算

【企業会計原則・損益計算書原則・二】 重要度 ★★☆

2 営業損益計算は、一会計期間に属する売上高と売上原価とを記載して<u>売上総利益</u>a を計算し、これから<u>販売費及び一般管理費</u>b を控除して、<u>営業利益</u>c を表示する。

記号	適当な語句
○	

【企業会計原則・損益計算書原則・三】 重要度 ★★☆

3 売上高は、<u>発生主義の原則</u>a に従い、商品等の販売または<u>役務の給付</u>b によって<u>実現</u>c したものに限る。

記号	適当な語句
a	実現主義の原則

【企業会計原則・損益計算書原則・三B】 重要度 ★★★

4 　負債は、<u>流動負債a</u> に属する負債と<u>固定負債b</u> に属する負債とに区別しなければならない。仮受金、<u>未決算等c</u> の勘定を貸借対照表に記載するには、その性質を示す適当な科目で表示しなければならない。

記号	適当な語句
○	

【企業会計原則・貸借対照表原則・四（二）】　　　　　重要度★★☆

5 　貸借対照表に記載する資産の価額は、原則として、当該資産の<u>取得原価a</u> を基礎として計上しなければならない。資産の取得原価は、資産の種類に応じた<u>費用収益対応の原則b</u> によって、<u>各事業年度c</u> に配分しなければならない。

記号	適当な語句
b	費用配分の原則

【企業会計原則・貸借対照表原則・五】　　　　　重要度★★★

6 　<u>無形固定資産a</u> については、その<u>取得原価b</u> から<u>減価償却累計額c</u> を控除した価額をもって貸借対照表価額とする。

記号	適当な語句
○	

【企業会計原則・貸借対照表原則・五E】　　　　　重要度★★☆

DATE
/
/
/

DATE
/
/
/

DATE
/
/
/

以下の文章について、正しいものは○、誤っているものには×とし、×としたものは、その理由も考えなさい。

1 企業実体の公準は、会計計算は、企業の解散を前提とするものではなく、企業の継続的活動を前提としてその企業活動を期間的に区切って行うべきとする企業会計上の基本的前提をいう。

2 正規の簿記の原則に従って処理された場合に生じた簿外資産および簿外負債は、貸借対照表の記載外におくことができる。

3 前払費用は、一定の契約に従い、継続して役務の提供を受ける場合、いまだ提供されていない役務に対し支払われた対価をいう。従って、このような役務に対する対価は、時間の経過とともに次期以降の費用となるものであるから、これを当期の損益計算から除去するとともに貸借対照表の資産の部に計上しなければならない。

4 前受収益は、一定の契約に従い、継続して役務の提供を行う場合、既に提供した役務に対して、いまだその対価の支払を受けていないものをいう。

5 未払費用は、一定の契約に従い、継続して役務の提供を行う場合、既に提供された役務に対していまだその対価の支払が終わらないものをいう。従って、このような役務に対する対価は、時間の経過に伴い既に当期の費用として発生しているものであるから、これを当期の損益計算に計上するとともに貸借対照表の負債の部に計上しなければならない。

1 ✕

企業実体の公準は、会計計算は、企業を所有者から区別して、企業それ自体を１つの会計単位として行うべきとする企業会計上の基本的前提をいう。

重要度 ★ ★ ★

2 ◯

【企業会計原則・貸借対照表原則・一】　　　　　　　重要度 ★ ★ ★

3 ◯

【企業会計原則・注解５（１）】　　　　　　　　　　重要度 ★ ★ ★

4 ✕

前受収益は、一定の契約に従い、継続して役務の提供を行う場合、いまだ提供していない役務に対し支払を受けた対価をいう。

【企業会計原則・注解５（２）】　　　　　　　　　　重要度 ★ ★ ★

5 ✕

未払費用は、一定の契約に従い、継続して役務の提供を受ける場合、既に提供された役務に対していまだその対価の支払が終わらないものをいう。

【企業会計原則・注解５（３）】 ★ ★ ★　　　　　　重要度 ★ ★ ★

Questions
問題

以下の文章について、正しいものは○、誤っているものには×とし、×としたものは、その理由も考えなさい。

1 未収収益は、一定の契約に従い、継続して役務の提供を行う場合、既に提供した役務に対して、いまだその対価の支払いを受けていないものをいうが、このような役務に対する対価は、実現主義の原則により当期の収益に計上してはならない。

2 経過勘定項目である前払費用・未収収益・未払費用・前受収益を貸借対照表に表示する場合、前払費用のみが1年基準により流動項目と固定項目とに分類される。

3 先入先出法は、最も新しく取得されたものから順次払出しが行われ、期末棚卸資産は最も古く取得されたものからなるものとみなして期末棚卸資産の価額を算定する方法をいう。

4 費用は発生主義によって認識されるため、財貨および用役の消費時に損益計算書に計上される。

5 無形固定資産については、当該資産の取得のために支出した金額から減価償却累計額を控除した価額をもって貸借対照表価額とする。

1 ✕

このような役務に対する対価は、時間の経過に伴い既に当期の収益
として発生しているから、これを当期の損益計算に計上しなければ
ならない。

【企業会計原則・注解 5（4）】　　　　　　　　　重要度 ★ ★ ★

DATE
/
/
/

2 ◯

【企業会計原則・注解 16】　　　　　　　　　　　重要度 ★ ★ ★

DATE
/
/
/

3 ✕

先入先出法は、最も古く取得されたものから順次払出しが行われ、
期末棚卸資産は最も新しく取得されたものからなるものとみなして
期末棚卸資産の価額を算定する方法をいう。

【企業会計原則・注解 21】　　　　　　　　　　　重要度 ★ ★ ☆

DATE
/
/
/

4 ✕

費用は発生主義の原則によって認識されるが、損益計算書に計上さ
れる費用は、実現した収益に対応する部分である。

【企業会計原則・損益計算書原則・一 A、C】　　　重要度 ★ ★ ★

DATE
/
/
/

5 ◯

【企業会計原則・貸借対照表原則・五 E】　　　　　重要度 ★ ★ ☆

DATE
/
/
/

Questions

問題

　以下の文章について、正しいものは○、誤っているものには×とし、×としたものは、その理由も考えなさい。

1　貸借対照表日後に発生した主要な取引先の倒産は、重要な後発事象であるから、財務諸表に注記しなければならない。

2　企業会計原則における一般原則は、真実性の原則、正規の簿記の原則、資本取引・損益取引区分の原則、明瞭性の原則、継続性の原則、保守主義の原則および単一性の原則である。

3　内部利益の除去は、本支店等の合併損益計算書において売上高から内部売上高を控除し、仕入高（または売上原価）から内部仕入高（または内部売上原価）を控除するとともに、期末棚卸高から内部利益の額を控除する方法によるが、これらの控除に際しては、合理的な見積概算額によることはできない。

4　会計単位内部における原材料や半製品の振替えから生じる原価差額等は内部利益として、損益計算書を作成する上で消去しなければならない。

5　原価差額を棚卸資産の科目別に配賦した場合には、これを貸借対照表上の棚卸資産の科目別に各資産の価額に含めて記載する。

6　棚卸資産のうち恒常在庫品として保有するもの若しくは余剰品として長期間にわたって所有するものは固定資産に属するものとする。

Check!
&
Check!

1 ×

主要な取引先の倒産は、財務諸表を修正すべき後発事象（修正後発
事象）に該当するため、当期の財務諸表の修正を行う必要がある。

【後発事象に関する監査上の取扱い・4】　　　　　　　　　重要度 ★★☆

DATE
/
/
/

2 ◯

【企業会計原則・一般原則・一～七】　　　　　　　　　　重要度 ★★★

DATE
/
/
/

3 ×

内部利益の額の控除等に際しては、合理的な見積概算額によること
も差支えない。

【企業会計原則・注解11】　　　　　　　　　　　　　　　重要度 ★★☆

DATE
/
/
/

4 ×

会計単位内部における原材料や半製品の振替えから生じる原価差額
等は振替損益であり、内部利益ではない。

【企業会計原則・注解11】　　　　　　　　　　　　　　　重要度 ★★☆

DATE
/
/
/

5 ◯

【企業会計原則・注解9】　　　　　　　　　　　　　　　重要度 ★★☆

DATE
/
/
/

6 ×

棚卸資産のうち恒常在庫品として保有するもの若しくは余剰品とし
て長期間にわたって所有するものは固定資産とせず流動資産に含ま
せるものとする。

【企業会計原則・注解16】　　　　　　　　　　　　　　　重要度 ★★★

DATE
/
/
/

問題

以下の各問いについて考えなさい。

記述問題 1

Check!
&
Check!

継続性の原則の定義を述べなさい。

DATE
/
/
/

　企業会計は、その処理の原則および手続きを毎期継続して適用し、みだりにこれを変更してはならない。

【企業会計原則・一般原則・五】　　　　　　　　　　　　　重要度★★★

記述問題 2

Check!
&
Check!

損益計算書において「総額主義の原則」が必要とされる理由を述べなさい。

DATE
/
/
/

　総額主義の原則は、企業の取引規模を明瞭に表示し、利害関係者の判断を誤らせないようにするために必要である。

重要度★★★

記述問題 3

貸借対照表完全性の原則の定義を述べなさい。

　貸借対照表は、企業の財政状態を明らかにするため、貸借対照表日におけるすべての資産、負債および純資産（資本）を記載し、株主、債権者その他の利害関係者にこれを正しく表示するものでなければならない。

【企業会計原則・貸借対照表原則・一】　　　　　　　　　　重要度★★★

Questions
問題

Check!
&
Check!

以下の文章の（　）内に入る用語を考えなさい。

DATE
/
/
/

1 　時価とは、公正な評価額をいい、（市場価格）に基づく価額をいう。（市場価格）が観察できない場合には（合理的）に算定された価額を公正な評価額とする。

【棚卸資産の評価に関する会計基準・4】　　　　　重要度 ★★★

DATE
/
/
/

2 　正味売却価額とは、売価から（見積追加製造原価）および（見積販売直接経費）を控除したものをいう。

【棚卸資産の評価に関する会計基準・5】　　　　　重要度 ★★★

DATE
/
/
/

3 　再調達原価とは、購買市場と売却市場とが区別される場合における（購買市場）の時価に、（購入に付随する費用）を加算したものをいう。

【棚卸資産の評価に関する会計基準・6】　　　　　重要度 ★★★

4 収益性の低下が生じている場合には、取得原価と正味売却価額との差額は（当期の費用）として処理する。

【棚卸資産の評価に関する会計基準・7】　　　　　　　　重要度 ★ ★ ★

5 収益性の低下の有無に係る判断および簿価切下げは、原則として（個別品目）ごとに行う。

【棚卸資産の評価に関する会計基準・12】　　　　　　　重要度 ★ ★ ☆

6 通常の販売目的で保有する棚卸資産の費用配分には、一般的に（払出数量）と、（払出単価）の計算とに分けられる。（払出数量）に属する計算方法として代表的なものに、棚卸計算法と継続記録法という方法があり、（払出単価）に属する計算方法として先入先出法、平均原価法等がある。

重要度 ★ ★ ☆

Questions

問題

以下の文章の（　）内に入る用語を考えなさい。

DATE
/
/
/

1 　売価還元法を採用している場合においても、期末における（正味売却価額）が帳簿価額よりも下落している場合には、当該（正味売却価額）をもって貸借対照表価額とする。

【棚卸資産の評価に関する会計基準・13】　　　　　　重要度★★★

DATE
/
/
/

2 　トレーディング目的で保有する棚卸資産については、（時価）をもって貸借対照表価額とし、帳簿価額との差額は、（当期の損益）として処理する。

【棚卸資産の評価に関する会計基準・15】　　　　　　重要度★★★

DATE
/
/
/

3 　トレーディング目的で保有する棚卸資産に係る損益は、原則として、（純額）で（売上高）に表示する。

【棚卸資産の評価に関する会計基準・19】　　　　　　重要度★★★

4　通常の販売目的で保有する棚卸資産について、収益性の低下による簿価切下額は（売上原価）とする。また、収益性の低下による簿価切下額が、（臨時の事象）に起因し、かつ、（多額）であるときは、特別損失に計上する。

【棚卸資産の評価に関する会計基準・17】　　　　重要度★★★

DATE
/
/
/

5　棚卸資産の売却には、通常の販売のほか、活発な市場が存在することを前提として、棚卸資産の保有者が単に市場価格の変動により利益を得ることを目的とする（トレーディング）を含む。

【棚卸資産の評価に関する会計基準・3】　　　　重要度★★☆

DATE
/
/
/

6　値入率等の類似性に基づく棚卸資産のグループごとの期末の（売価）合計額に、（原価率）を乗じて求めた金額を期末棚卸資産の価額とする方法を売価還元法という。

【棚卸資産の評価に関する会計基準・6-2（4）】　　　　重要度★★☆

DATE
/
/
/

Questions
問 題

以下の文章の （ ）内に入る用語を考えなさい。

1 　不動産販売会社が販売目的のために保有する不動産は、貸借対照表上、（流動資産）の部に記載する。

【連続意見書第四第一・七】　　　　　　　　　　　　重要度★★☆

2 　（売価還元法）は、棚卸資産の取扱品種が極めて多い業種において、払出数量と払出単価の計算とを分けずに一括して計算する棚卸資産の評価方法である。

【棚卸資産の評価に関する会計基準・6−2（4）】　　重要度★★☆

3 　トレーディング目的で保有する棚卸資産として分類するための留意点や保有目的の変更の処理は、（売買目的有価証券）に関する取扱いに準じて行う。

【棚卸資産の評価に関する会計基準・16】　　　　　重要度★★☆

Check!
&
Check!

4 　棚卸減耗損のうち、原価性を有しないと認められる場合は、営業外費用または（特別損失）として表示し、原価性を有すると認められる場合は、製造原価、（売上原価）の内訳科目または販売費及び一般管理費に表示する。

重要度★★★

5 　通常の販売目的で保有する棚卸資産は、取得原価をもって貸借対照表価額とし、期末における（正味売却価額）が取得原価よりも下落している場合には、当該（正味売却価額）をもって貸借対照表価額とする。

【棚卸資産の評価に関する会計基準・7】　　　　　重要度★★★

6 　棚卸資産については、原則として購入代価に引取費用等の（付随費用）を加算して取得原価とし、先入先出法等の評価方法の中から選択した方法を適用して売上原価等の（払出原価）と（期末棚卸資産）の価額を算定する。

【棚卸資産の評価に関する会計基準・6-2】　　　重要度★★☆

Questions
問題

Check!
&
Check!

以下の文章について、下線部のいずれかに語句の誤りが存在するものがある。誤りがある場合には、その記号（a〜c）およびそれに代わる適当な語句を考えなさい。誤りがない場合には、○印とする。

DATE
/
/
/

1 トレーディング目的で保有する棚卸資産は、時価a をもって貸借対照表価額とし、評価差額は、当期の損益b として処理し、損益計算書上、原則として、営業外費用c に表示する。

記号	適当な語句
c	純額で売上高

【棚卸資産の評価に関する会計基準・15、19】　　　　　重要度★★★

DATE
/
/
/

2 棚卸資産の取得原価は、購入代価に付随費用a の一部または全部を加算b することにより算定する。購入代価は、送状価額から値引額、割戻額等c を控除した金額とする。

記号	適当な語句
○	

【連続意見書第四第一・五1】　　　　　重要度★★☆

DATE
/
/
/

3 収益性の低下の有無に係る判断および簿価切下げは、原則として個別品目a ごとに行う。ただし、複数の棚卸資産b を一括りとした単位で行うことが適切と判断されるときには、継続して適用c することを条件として、その方法による。

記号	適当な語句
○	

【棚卸資産の評価に関する会計基準・12】　　　　　重要度★★☆

4 売価還元法を採用する場合に、<u>値上額等</u>a が売価合計額に適切に反映されている場合には、値下額および値下取消額を<u>除外</u>b した売価還元法の原価率により求められた期末棚卸資産の<u>帳簿価額</u>c は、収益性の低下による帳簿価額の切下額を反映したものとみなすことができる。

記号	適当な語句
a	値下額等

【棚卸資産の評価に関する会計基準・13】　　　重要度 ★ ★ ☆

5 製造業における<u>原材料</u>a 等のように<u>再調達原価</u>b の方が把握しやすく、<u>取得原価</u>c が当該再調達原価に歩調を合わせて動くと想定される場合には、継続して適用することを条件として、再調達原価によることができる。

記号	適当な語句
c	正味売却価額

【棚卸資産の評価に関する会計基準・10】　　　重要度 ★ ★ ★

6 <u>営業循環過程</u>a から外れた滞留または処分見込等の棚卸資産について、合理的に算定された価額によることが困難な場合には、<u>正味売却価額</u>b まで切下げる方法に代えて、その状況に応じ、帳簿価額を<u>回収可能価額</u>c まで切下げる方法などにより、収益性の低下の事実を適切に反映するように処理する。

記号	適当な語句
c	処分見込価額

【棚卸資産の評価に関する会計基準・9】　　　重要度 ★ ★ ★

以下の文章について、正しいものは○、誤っているものには×とし、×としたものは、その理由も考えなさい。

1 棚卸資産に関して、通常の営業過程で販売するために保有している財貨だけではなく、販売するために保有している用役が棚卸資産として扱われる場合もある。

2 取得原価のもとになる棚卸資産の購入代価とは、送状価額から値引額・割引額・割戻額等を控除した金額のことである。

3 前期に計上した簿価切下額の戻入れに関しては、切放法と洗替法の二つがあるが、継続して適用することを条件に、棚卸資産の種類ごとに、いずれかの方法を選択適用できる。

4 収益性の低下の有無を判断する場合に帳簿価額と比較する金額は、期末において見込まれる将来販売時点の売価に基づく正味売却価額によることが適当と考えられる。

5 売価還元法を採用する場合、値下額等が売価合計額に適切に反映されているときは、値下額および値下取消額を除外した売価還元法の原価率により求められた期末棚卸資産の帳簿価額は、収益性の低下による簿価切下額を反映したものとみなすことができる。

6 貸借対照表に記載される製品の製造原価は、適正な原価計算基準に従って算定した実際原価に基づいて計上することのみ認められる。

7 棚卸資産の期末評価において取得原価と比較するために用いられる価額は、継続適用を前提に、正味売却価額と帳簿価額のいずれかを選択適用しなければならない。

1 ○

【連続意見書第四第一・七】 重要度★★☆

DATE
/
/
/

2 ×

割引額は購入代価から控除してはならない。

【連続意見書第四第一・五 1】 重要度★★☆

DATE
/
/
/

3 ○

【棚卸資産の評価に関する会計基準・14】 重要度★★☆

DATE
/
/
/

4 ○

【棚卸資産の評価に関する会計基準・41】 重要度★★☆

DATE
/
/
/

5 ○

【棚卸資産の評価に関する会計基準・13】 重要度★★☆

DATE
/
/
/

6 ×

製品の製造原価は、実際原価のみならず予定価格や標準原価を適用して算出した原価も認められる。

【企業会計原則・注解21（2）】 重要度★★☆

DATE
/
/
/

7 ×

再調達原価の方が把握しやすく、正味売却価額が再調達原価に歩調を合わせて動くと想定される場合には、継続して適用することを条件として、再調達原価によることができる。

【棚卸資産の評価に関する会計基準・10】 重要度★★★

Questions
問題

以下の文章について、正しいものは○、誤っているものには×とし、×としたものは、その理由も考えなさい。

1 不動産会社が保有する賃貸用の不動産も棚卸資産に含まれる。

2 通常の販売目的で保有する棚卸資産は、正味売却価額をもって貸借対照表価額とし、取得原価と正味売却価額との差額は当期の費用として処理される。

3 トレーディング目的で保有する棚卸資産の評価益は、原則として売上高とする。

4 棚卸資産について前期に計上した簿価切下額に関しては、当期に戻入れを行う方法と行わない方法の選択適用ができるが、その選択はすべての種類の棚卸資産に同一の方法を用いなければならない。

5 通常の販売目的で保有する棚卸資産について、収益性の低下に基づく簿価切下額が多額であり、かつ、臨時の事象に起因する場合には特別損失に表示する。

6 製品の製造に関連して不可避的に発生する棚卸資産の評価損は、全額、当期の費用になる。

1 ✕

不動産会社が保有する賃貸用不動産は、棚卸資産に該当しない。

【棚卸資産の評価に関する会計基準・3】　　　　　　　　　重要度★★☆

2 ✕

通常の販売目的で保有する棚卸資産は、取得原価をもって貸借対照表価額とするが、期末における正味売却価額が取得原価よりも下落している場合には、当該正味売却価額をもって貸借対照表価額とする。

【棚卸資産の評価に関する会計基準・7】　　　　　　　　　重要度★★★

3 ○

【棚卸資産の評価に関する会計基準・19】　　　　　　　　重要度★★★

4 ✕

当期に戻入れを行う方法と行わない方法の選択は、棚卸資産の種類ごとに選択適用できる。

【棚卸資産の評価に関する会計基準・14】　　　　　　　　重要度★★☆

5 ○

【棚卸資産の評価に関する会計基準・17】　　　　　　　　重要度★★★

6 ✕

棚卸資産の評価額について、棚卸資産の製造に関連して不可避的に発生すると認められるときには、製造原価として処理する。

【棚卸資産の評価に関する会計基準・17】　　　　　　　　重要度★★★

Questions
問題

以下の各問いについて考えなさい。

記述問題 1

棚卸資産の評価に関する会計基準における時価の定義を述べなさい。ただし、トレーディング目的で保有する棚卸資産の時価の定義は述べなくてよい。

　時価とは、公正な評価額をいい、市場価格に基づく価額をいう。市場価格が観察できない場合には合理的に算定された価額を公正な評価額とする。

【棚卸資産の評価に関する会計基準・4】　　　　　　　　　　　　重要度 ★ ★ ★

記述問題 2

棚卸資産の評価に関する会計基準における正味売却価額の定義を述べなさい。

　正味売却価額とは、売価から見積追加製造原価および見積販売直接経費を控除したものをいう。

【棚卸資産の評価に関する会計基準・5】　　　　　　　　　　　　重要度 ★ ★ ★

記述問題 3

棚卸資産の評価に関する会計基準における再調達原価の定義を述べなさい。

　再調達原価とは、購買市場と売却市場とが区別される場合における購買市場の時価に、購入に付随する費用を加算したものをいう。

【棚卸資産の評価に関する会計基準・6】　　　　　　　　　　　　重要度 ★ ★ ★

3 ◆ 固定資産①

Questions
問題

Check! & Check! 以下の文章の（ ）内に入る用語を考えなさい。

DATE
/
/
/

1 貸借対照表に記載する資産の価額は、原則として、当該資産の（取得原価）を基礎として計上しなければならない。

資産の（取得原価）は、資産の種類に応じた（費用配分）の原則によって、各事業年度に配分しなければならない。

【企業会計原則・貸借対照表原則・五】　　　　　　　　　　重要度★★★

DATE
/
/
/

2 償却済の有形固定資産は、除却されるまで（残存価額）または（備忘価額）で記載する。

【企業会計原則・貸借対照表原則・五D】　　　　　　　　　重要度★★☆

DATE
/
/
/

3 自己所有の固定資産と交換に固定資産を取得した場合には、交換に供された自己資産の適正な（簿価）をもって取得原価とする。

【連続意見書第三第一・四4】　　　　　　　　　　　　　　重要度★★☆

Check!
&
Check!

4 総合償却法のもとでは、個々の資産の（未償却残高）は明らかでないから、平均耐用年数の到来以前に除却される資産についても、（除却損）は計上されないで、残存価額を除く除却資産原価がそのまま（減価償却累計額）勘定から控除される。

【連続意見書第三第一・十】　　　　　　　　重要度★★☆

DATE
／
／
／

5 同種の物品が多数集まって 1 つの全体を構成し、老朽品の部分的取替を繰返すことにより全体が維持されるような固定資産に対しては、（取替法）を適用することができる。

【連続意見書第三第一・七】　　　　　　　　重要度★★★

DATE
／
／
／

6 固定資産を自家建設した場合には、適正な原価計算基準に従って（製造原価）を計算し、これに基づいて取得原価を計算する。建設に要する借入資本の利子で（稼働前）の期間に属するものは、これを取得原価に算入することができる。

【連続意見書第三第一・四 2】　　　　　　　重要度★★★

DATE
／
／
／

Questions
問題

以下の文章について、下線部のいずれかに語句の誤りが存在するものがある。誤りがある場合には、その記号（a〜c）およびそれに代わる適当な語句を考えなさい。誤りがない場合には、○印とする。

DATE
/
/
/

1 減価償却の最も重要な目的は、適正な費用配分a を行うことによって、毎期の損益計算b を正確ならしめることである。このためには、減価償却は所定の減価償却方法に従い、計画的c、規則的に実施されなければならない。

記号	適当な語句
○	

【連続意見書第三第一・二】　　　　　　　　　　　　重要度★★★

DATE
/
/
/

2 定額法a に類似する方法に、減耗性資産b に適用される減耗償却c がある。

記号	適当な語句
a	生産高比例法

【連続意見書第三第一・六 2】　　　　　　　　　　重要度★★★

DATE
/
/
/

3 国庫補助金、工事負担金等で取得した資産については、国庫補助金等に相当する金額をその取得原価a から控除b することができるが、これを圧縮記帳c という。

記号	適当な語句
○	

【企業会計原則・注解24】　　　　　　　　　　　　重要度★★☆

4 有形固定資産を購入した場合の取得原価は、購入代金に付随費用a を加えた価額とするが、購入に際して値引または割引b を受けたときには、これを購入代金から控除c する。

DATE
/
/
/

記号	適当な語句
b	値引または割戻

【連続意見書第三第一・四 1】　　　　　　　　　　重要度★★☆

5 臨時損失とは、有形固定資産が災害等の偶発的事情a により生じた物質的滅失部分b につき、当該資産の取得原価c を切下げることである。

DATE
/
/
/

記号	適当な語句
c	簿価

【連続意見書第三第一・三】　　　　　　　　　　重要度★★☆

6 資本的支出a として処理すべき支出を収益的支出b として処理した場合には、当期の利益はその分だけ大きくc なる。

DATE
/
/
/

記号	適当な語句
c	小さく

※資産として処理すべき支出（資本的支出）を費用（収益的支出）として処理した場合には、当期の利益はその分だけ小さくなる。

重要度★★☆

37

Questions
問題

以下の文章について、正しいものは○、誤っているものには×とし、×としたものは、その理由も考えなさい。

1 　生産高比例法は、期間を配分基準とする方法と異なり、生産高（利用高）に比例して償却する方法であるため、航空機、自動車、埋蔵資源、山林等に適用される。

2 　同種の物品が多数集まって1つの全体を構成し、老朽品の部分的取替を繰返すことによって全体が維持されるような固定資産に対しては、取替法を適用できるが、取替法は減価償却法の一種である。

3 　貸借対照表上、減価償却累計額は原則として、その有形固定資産が属する科目ごとに控除する形式で表示する。

4 　贈与その他無償で取得した資産については、公正な評価額をもって取得原価とするが、資産を低廉取得した場合にも、公正な評価額をもって取得原価とする。

5 　固定資産に対する減価償却を定率法で行うと、減価償却費は毎年減少していくが、級数法で行うと、毎年増加していく傾向がある。

6 　有価証券と交換に固定資産を取得した場合には、当該固定資産の取得原価は引渡した有価証券の適正な簿価によらなければならない。

1 ×

埋蔵資源、山林等の減耗性資産（涸渇性資産）には、減耗償却が適用される。

【連続意見書第三第一・六 2】　　　　　　　　　重要度★★☆

DATE
/
/
/

2 ×

取替法は減価償却法の一種ではなく、減価償却とは全く異なる方法である。

【連続意見書第三第一・七】　　　　　　　　　重要度★★★

DATE
/
/
/

3 ○

【企業会計原則・注解 17】　　　　　　　　　重要度★★☆

DATE
/
/
/

4 ○

　　　　　　　　　　　　　　　　　　　重要度★★☆

DATE
/
/
/

5 ×

級数法は、毎年一定の額を算術級数的に逓減した減価償却費を計上するため、徐々に減少する。

【企業会計原則・注解 20】　　　　　　　　　重要度★★☆

DATE
/
/
/

6 ×

当該固定資産の取得原価は、有価証券の時価または適正な簿価による。

【連続意見書第三第一・四 4】　　　　　　　　重要度★★☆

DATE
/
/
/

Questions

問題

　以下の文章について、正しいものは○、誤っているものには×とし、×としたものは、その理由も考えなさい。

1　有形固定資産の減価償却累計額は、原則として該当する資産の取得原価から控除形式で貸借対照表に記載されるが、無形固定資産については、減価償却累計額を控除した未償却残高を貸借対照表に記載する。

2　有形固定資産について毎期計画的、規則的に実施される減価償却に関する費用は、すべて当期の費用（販売費及び一般管理費）として処理され、収益に賦課されることになる。

3　有形固定資産の耐用年数の見積りの変更は、当期に対する変更の影響は当期の損益で認識し、将来に対する影響があれば、その影響は将来の期間の損益で認識する。

4　自己所有の有形固定資産と交換に取得した有形固定資産の取得原価は、取得した資産の適正な簿価による。

5　企業が営業目的を達成するために所有し、かつ、その加工若しくは売却を予定しない財貨は、固定資産に属するものである。

6　生産高を配分基準として減価償却を行う場合には、固定資産の耐用年数は必要ない。

Check! & Check!

1 ○

【企業会計原則・貸借対照表原則・五D、E】　　　重要度 ★ ★ ☆

DATE
/
/
/

---

2 ✕

製品の原価とされるものについては、販売されることにより初めてその期間の費用として収益に賦課される。

【連続意見書第三第一・二】　　　重要度 ★ ★ ★

DATE
/
/
/

---

3 ○

【会計方針の開示、会計上の変更及び誤謬の訂正に関する会計基準・56】

　　　重要度 ★ ★ ★

DATE
/
/
/

---

4 ✕

自己所有の有形固定資産と交換に取得した有形固定資産の取得原価は、交換に供された自己資産の適正な簿価をもって取得原価とする。

【連続意見書第三第一・四4】　　　重要度 ★ ★ ☆

DATE
/
/
/

---

5 ○

【企業会計原則・注解16】　　　重要度 ★ ★ ☆

DATE
/
/
/

---

6 ○

【連続意見書第三第一・六2】　　　重要度 ★ ★ ☆

DATE
/
/
/

Questions
問題

Check!
&
Check!

以下の文章の（　）内に入る用語を考えなさい。

DATE
/
/
/

1　ファイナンス・リース取引とは、リース契約に基づくリース期間の中途において当該契約を（解除）することができないリース取引またはこれに準ずるリース取引で、借手が、当該契約に基づき使用する物件からもたらされる（経済的利益）を実質的に享受することができ、かつ、当該リース物件の使用に伴って生じる（コスト）を実質的に負担することとなるリース取引をいう。

【リース取引に関する会計基準・5】　　　　　　　　　重要度★★☆

DATE
/
/
/

2　リース取引がファイナンス・リース取引に該当するかどうかの具体的な判定基準として、（現在価値）基準と（経済的耐用年数）基準がある。それぞれの基準のうち、いずれかに該当する場合には、ファイナンス・リース取引と判定される。

（現在価値）基準

解約不能のリース期間中のリース料総額の（現在価値）が、当該リース物件を借手が現金で購入するものと仮定した場合の合理的見積金額の概ね（90）パーセント以上である場合。

（経済的耐用年数）基準

解約不能のリース期間が、当該リース物件の（経済的耐用年数）の概ね（75）パーセント以上である場合。

【リース取引に関する会計基準の適用指針・9】　　　　重要度★★★

Check!
&
Check!

3 　ファイナンス・リース取引については、通常の（売買取引）に係る方法に準じて会計処理を行う。

【リース取引に関する会計基準・9】　　　　　　重要度★★★

DATE
／
／
／

4 　オペレーティング・リース取引とは、（ファイナンス・リース取引）以外のリース取引をいう。

【リース取引に関する会計基準・6】　　　　　　重要度★★★

DATE
／
／
／

5 　オペレーティング・リース取引については、通常の（賃貸借取引）に係る方法に準じて会計処理を行う。

【リース取引に関する会計基準・15】　　　　　　重要度★★★

DATE
／
／
／

6 　所有する物件を貸手に売却し、貸手から当該物件のリースを受ける取引を（セール・アンド・リースバック取引）という。

【リース取引に関する会計基準の適用指針・48】　　　　重要度★★☆

DATE
／
／
／

Questions

問題

以下の文章について、下線部のいずれかに語句の誤りが存在するものがある。誤りがある場合には、その記号（a～c）およびそれに代わる適当な語句を考えなさい。誤りがない場合には、○印とする。

Check!
&
Check!

DATE
/
/
/

1　所有権移転外ファイナンス・リース取引によりリースした資産の取得原価（借手において当該リース物件の貸手の購入価額等が明らかな場合）は、貸手の購入価額等a とリース資産の見積現金購入価額b とのいずれか低いc 方の金額である。

記号	適当な語句
b	リース料総額の現在価値

【リース取引に関する会計基準の適用指針・22（1）】　重要度★★★

DATE
/
/
/

2　所有権移転外ファイナンス・リース取引に係るリース資産の減価償却費a は、原則として、経済的耐用年数b を耐用年数とし、残存価額をゼロc として算定する。

記号	適当な語句
b	リース期間

【リース取引に関する会計基準・12】　重要度★★★

DATE
/
/
/

3　リース取引の貸手における利息相当額の総額は、リース契約締結時に合意されたリース料総額および見積残存価額の合計額a から、これに対応するリース資産の取得価額b を控除することによって算定する。当該利息相当額については、原則として、リース期間にわたり定額法c により配分する。

記号	適当な語句
c	利息法

【リース取引に関する会計基準・14】　重要度★★★

4 ファイナンス・リース取引におけるリース物件の借手が支払う<u>リース料総額a</u> は、原則として、利息相当額部分とリース債務の元本返済額部分とに区分計算し、前者は<u>支払リース料b</u> として処理し、後者は<u>リース債務の元本返済c</u> として処理する。

記号	適当な語句
b	支払利息

【リース取引に関する会計基準の適用指針・23】　　重要度★★★

5 <u>ファイナンス・リース取引a</u> におけるリース物件の借手がリース契約を中途解約した場合は、<u>リース資産の未償却残高b</u> をリース資産除却損c 等として処理する。

記号	適当な語句
○	

【リース取引に関する会計基準の適用指針・30】　　重要度★★☆

6 セール・アンド・リースバック取引におけるリース取引がファイナンス・リース取引に該当する場合、借手は、リースの対象となる物件の売却に伴う損益を<u>長期前払費用または長期前受収益a</u> 等として繰延処理し、リース資産の<u>減価償却費の割合b</u> に応じ<u>支払リース料c</u> に加減して損益に計上する。

記号	適当な語句
c	減価償却費

【リース取引に関する会計基準の適用指針・49】　　重要度★★☆

45

Questions
問題

　以下の文章について、正しいものは○、誤っているものには×とし、×としたものは、その理由も考えなさい。

1　ファイナンス・リース取引の貸手は、リース取引開始日に、通常の売買取引に係る方法に準じた会計処理を行う。なお、所有権移転ファイナンス・リース取引ではリース投資資産、所有権移転外ファイナンス・リース取引ではリース債権として計上する。

2　ファイナンス・リース取引の借手は、リース取引開始日に、通常の売買取引に準じた会計処理を行うが、その際のリース資産およびリース債務計上額は、リース契約締結時に合意されたリース料総額によるのが原則である。

3　所有権移転外ファイナンス・リース取引に係るリース資産の減価償却費は、原則として、リース期間を耐用年数とし、残存価額をゼロとして算定する。

4　所有権移転ファイナンス・リース取引に係るリース資産の減価償却費は、自己所有の固定資産と同一の方法により算定される。したがって、リース資産の残存価額をゼロとした場合には、減価償却額の総額（最終減価償却累計額）は、リース契約時に合意されたリース料総額と一致する。

5　ファイナンス・リース取引の借手は、通常の売買取引に係る方法に準じた会計処理を行う。つまり、リース物件とこれに係る債務をリース投資資産およびリース債務として計上する。

6　リース資産については、原則として、有形固定資産、無形固定資産の別に、一括してリース資産として表示する。ただし、有形固定資産または無形固定資産に属する各科目に含めることもできる。

Check!
&
Check!

1 ✕

所有権移転ファイナンス・リース取引についてはリース債権として、所有権移転外ファイナンス・リース取引についてはリース投資資産として計上する。

【リース取引に関する会計基準・13】　　　　　　　　　重要度★★★

DATE
/
/
/

2 ✕

リース資産およびリース債務計上額は、原則として、リース契約締結時に合意されたリース料総額からこれに含まれている利息相当額の合理的な見積額を控除する方法による。

【リース取引に関する会計基準・11】　　　　　　　　　重要度★★★

DATE
/
/
/

3 ◯

【リース取引に関する会計基準・12】　　　　　　　　　重要度★★★

DATE
/
/
/

4 ✕

リース資産の残存価額をゼロとした場合、減価償却額の総額は、リース開始時のリース資産計上額と一致する。リース開始時のリース資産計上額は、リース契約時に合意されたリース料総額からこれに含まれている利息相当額の合理的な見積額を控除する。したがって、減価償却額の総額は、リース契約時に合意されたリース料総額と一致しない。

【リース取引に関する会計基準・11、12】　　　　　　　重要度★★★

DATE
/
/
/

5 ✕

ファイナンス・リース取引の借手がリース物件を資産計上する場合には、リース資産として計上する。

【リース取引に関する会計基準・10】　　　　　　　　　重要度★★★

DATE
/
/
/

6 ◯

【リース取引に関する会計基準・16】　　　　　　　　　重要度★★☆

DATE
/
/
/

47

Questions

問 題

以下の文章について、正しいものは○、誤っているものには×とし、×としたものは、その理由も考えなさい。

1 ファイナンス・リース取引と判定されたもので、リース契約上、借手に対して、リース期間終了後またはリース期間の中途で、名目的価額またはその行使時点のリース物件の価額に比して著しく有利な価額で買取る権利（割安購入選択権）が与えられているリース取引は、すべて所有権移転ファイナンス・リース取引に該当する。

2 リース物件の借手が現在価値の算定のために用いる割引率は、いかなる場合も、借手の追加借入に適用されると合理的に見積られる利率とする。

3 ファイナンス・リース取引の借手は、重要性が乏しい場合を除いて、リース資産について、その内容（主な資産の種類等）および減価償却の方法を注記する。

4 オペレーティング・リース取引の借手は、重要性が乏しい場合を除いて、未経過のリース期間に係るリース料をすべて注記する。

5 リース取引開始日とは、リース契約を締結した日をいう。

1 ×

割安購入選択権が与えられており、その行使が確実に予想される
リース取引は、所有権移転ファイナンス・リース取引に該当する。

【リース取引に関する会計基準の適用指針・10（2）】　　　　　重要度★★☆

DATE
/
/
/

2 ×

リース物件の借手が、貸手の計算利子率を知り得る場合は当該利率
とし、知り得ない場合は借手の追加借入に適用されると合理的に見
積られる利率とする。

【リース取引に関する会計基準の適用指針・17】　　　　　重要度★★☆

DATE
/
/
/

3 ○

【リース取引に関する会計基準・19】　　　　　重要度★☆☆

DATE
/
/
/

4 ×

オペレーティング・リース取引のうち解約不能のものに係る未経過
リース料は、貸借対照表日後 1 年以内のリース期間に係るものと、
貸借対照表日後 1 年を超えるリース期間に係るものとに区分して
注記する。ただし、重要性が乏しい場合には、当該注記を要しない。

【リース取引に関する会計基準・22】　　　　　重要度★☆☆

DATE
/
/
/

5 ×

リース取引開始日とは、借手が、リース物件を使用収益する権利を
行使することができることとなった日をいう。

【リース取引に関する会計基準・7】　　　　　重要度★★☆

DATE
/
/
/

Questions
問題

以下の問いについて考えなさい。

記述問題 1

当年度（×1年度）に特定の製品製造のための設備をオペレーティング・リース取引によって調達した。リース料は、各会計年度末に1年分を支払う契約となっている。この場合、当年度末に支払うリース料は、当年度の支払リース料として処理されるが、当年度の損益計算に影響を与えない場合もある。それはどのような場合か答えなさい。

　当年度（×1年度）末において、当該リース取引により調達した設備を利用して製造したすべての製品が完成していないか、もしくは完成していても販売していない場合である。

　支払リース料が製造原価に算入される場合、製品が完成し販売されて売上原価という費用となり、損益計算に影響を与える。つまり、当年度（×1年度）末において、すべての製品が完成していないか、もしくは完成していても販売していない場合には、その製造原価は棚卸資産として次期に繰越されるため、当年度の損益計算に影響を与えない。

重要度★★☆

Check!
&
Check!

以下の文章の（　）内に入る用語を考えなさい。

DATE
/
/
/

1　減損の兆候がある資産または資産グループについての減損損失を認識するかどうかの判定は、資産または資産グループから得られる割引前将来キャッシュ・フローの総額と（帳簿価額）を比較することによって行い、資産または資産グループから得られる割引前将来キャッシュ・フローの総額が（帳簿価額）を下回る場合には、減損損失を認識する。

【固定資産の減損に係る会計基準・二 2（1）】　　　重要度★★★

DATE
/
/
/

2　減損損失を認識すべきであると判定された資産または資産グループについては、帳簿価額を（回収可能価額）まで減額し、当該減少額を減損損失として当期の損失とする。

【固定資産の減損に係る会計基準・二 3】　　　重要度★★★

DATE
/
/
/

3　回収可能価額とは、資産または資産グループの正味売却価額と（使用価値）のいずれか（高い）方の金額をいう。

【固定資産の減損に係る会計基準（注 1）1】　　　重要度★★★

4 正味売却価額とは、資産または資産グループの（時価）から処分費用見込額を控除して算定される金額をいう。

【固定資産の減損に係る会計基準（注 1）2】　　　重要度 ★ ★ ★

DATE
／
／
／

5 減損処理を行った資産については、（減損損失）を控除した帳簿価額に基づき減価償却を行う。

【固定資産の減損に係る会計基準・三 1】　　　重要度 ★ ★ ★

DATE
／
／
／

6 減損処理を行った資産の貸借対照表における表示は、原則として、（減損処理前）の取得原価から減損損失を（直接控除）し、控除後の金額をその後の（取得原価）とする形式で行う。

【固定資産の減損に係る会計基準・四 1】　　　重要度 ★ ★ ★

Questions
問題

以下の文章について、下線部のいずれかに語句の誤りが存在するものがある。誤りがある場合には、その記号（a～c）およびそれに代わる適当な語句を考えなさい。誤りがない場合には、○印とする。

DATE
/
/
/

1 　資産または資産グループに減損の兆候がある場合には、当該資産または資産グループについて、減損損失を認識a するかどうかの判定を行う。減損の兆候としては、資産または資産グループが使用されている営業活動b から生ずる損益またはキャッシュ・フローc が、継続してマイナスとなっているか、あるいは、継続してマイナスとなる見込みであることなどが考えられる。

記号	適当な語句
○	

【固定資産の減損に係る会計基準・二 1】　　　　　　　　　重要度★★☆

DATE
/
/
/

2 　減損の兆候がある資産または資産グループについての減損損失を認識a するかどうかの判定は、資産または資産グループから得られる割引後将来キャッシュ・フローb の総額と帳簿価額を比較することによって行い、資産または資産グループから得られる割引後将来キャッシュ・フローb の総額が帳簿価額を下回るc 場合には、減損損失を認識a する。

記号	適当な語句
b	割引前将来キャッシュ・フロー

【固定資産の減損に係る会計基準・二 2（1）】　　　　　重要度★★★

DATE
/
/
/

3 　減損損失を認識a すべきであると判定された資産または資産グループについては、帳簿価額を正味売却価額b まで減額し、当該減少額を減損損失c として当期の損失とする。

記号	適当な語句
b	回収可能価額

【固定資産の減損に係る会計基準・二 3】　　　　　　　　　重要度★★★

4　回収可能価額とは、資産または資産グループの正味売却価額aと割引前将来キャッシュ・フローbのいずれか高いc方の金額をいう。

記号	適当な語句
b	使用価値

【固定資産の減損に係る会計基準（注1）1】　　　　　　重要度★★★

5　使用価値aとは、資産または資産グループの継続的使用のみbによって生ずると見込まれる将来キャッシュ・フローの現在価値cをいう。

記号	適当な語句
b	継続的使用と使用後の処分

【固定資産の減損に係る会計基準（注1）4】　　　　　　重要度★★☆

6　共用資産を含む、より大きな単位について減損損失を認識するかどうかを判定するに際しては、共用資産を含まない各資産または資産グループにおいて算定された減損損失控除前aの帳簿価額に共用資産の帳簿価額を加えた金額と、割引前将来キャッシュ・フローbの総額とを比較する。この場合に、共用資産を加えることによって算定される減損損失の増加額は、原則として、資産または資産グループcに配分する。

記号	適当な語句
c	共用資産

【固定資産の減損に係る会計基準・二7】　　　　　　重要度★★☆

5 ◆ 減損会計③

Questions
問題

> 以下の文章について、正しいものは○、誤っているものには×とし、×としたものは、その理由も考えなさい。

1 店舗について減損損失を計上した場合には、店舗の使用に伴って発生した費用として、損益計算書上、販売費及び一般管理費の区分に計上する。

2 減損の兆候がある資産（資産グループ）について、当該資産（資産グループ）から得られる割引前将来キャッシュ・フローの総額が帳簿価額を下回る場合に減損損失を認識する。この場合の割引前将来キャッシュ・フローを見積る期間は、当該資産（資産グループ）の経済的耐用年数である。

3 過年度に減損会計を適用した結果、減損損失を計上した資産または資産グループの回収可能価額が回復した場合、取得原価または減損損失を計上しなかった場合の償却後原価までであれば、減損損失の戻入れを行う。

4 固定資産の減損に係る会計基準において、共用資産とは、複数の資産または資産グループの将来キャッシュ・フローの生成に寄与するものと定義されており、共用資産にはのれんも含まれる。

5 有形固定資産について減損損失を認識すべきと判定されたものについては、減損損失の測定を行う。減損損失の測定では、帳簿価額を回収可能価額まで減額するが、その場合の回収可能価額とは、正味売却価額と使用価値のうちいずれか低い方の金額をいう。

6 減損損失を認識するかどうかの判定に際して見積られる将来キャッシュ・フローおよび使用価値の算定において見積られる将来キャッシュ・フローは、企業に固有の事情を反映した合理的で説明可能な仮定および予測に基づいて見積る。

1 ✕

減損損失は、原則として、特別損失とする。

【固定資産の減損に係る会計基準・四 2】　　　　重要度 ★ ★ ★

2 ✕

割引前将来キャッシュ・フローを見積る期間は、資産の経済的残存使用年数または資産グループ中の主要な資産の経済的残存使用年数と 20 年のいずれか短い方とする。

【固定資産の減損に係る会計基準・二 2（2）】　　重要度 ★ ★ ☆

3 ✕

減損損失の戻入れは、行わない。

【固定資産の減損に係る会計基準・三 2】　　　　重要度 ★ ★ ★

4 ✕

共用資産とは、複数の資産または資産グループの将来キャッシュ・フローの生成に寄与するものをいい、のれんを除く。

【固定資産の減損に係る会計基準（注 1）5】　　重要度 ★ ★ ☆

5 ✕

回収可能価額とは、資産または資産グループの正味売却価額と使用価値のいずれか高い方の金額をいう。

【固定資産の減損に係る会計基準（注 1）1】　　重要度 ★ ★ ★

6 ◯

【固定資産の減損に係る会計基準・二 4（1）】　　重要度 ★ ★ ☆

Questions
問題

　以下の文章について、正しいものは○、誤っているものには×とし、×としたものは、その理由も考えなさい。

1　減損損失を認識するかどうかの判定と減損損失の測定において行われる資産のグルーピングは、他の資産または資産グループのキャッシュ・フローから概ね独立したキャッシュ・フローを生み出す最大の単位で行う。

2　使用価値の算定に際して用いられる割引率は、貨幣の時間価値を反映した税引前の利率とする。
　資産または資産グループに係る将来キャッシュ・フローがその見積値から乖離するリスクが、将来キャッシュ・フローの見積りに反映されていない場合には、割引率に反映させる。

3　企業が保有するすべての資産または資産グループについて、減損損失を認識するかどうかの判定を行う。

4　減損処理を行った資産の貸借対照表における表示は、減損処理前の取得原価から減損損失を控除し、控除後の金額をその取得原価とする形式のみが認められている。

5　共用資産またはのれんに係る資産のグルーピングを、共用資産またはのれんが関連する複数の資産または資産グループに共用資産またはのれんを加えた、より大きな単位で行う場合、減損の兆候の把握、減損損失を認識するかどうかの判定および減損損失の測定は、先ず、共用資産またはのれんを含むより大きな単位で行い、その後、資産または資産グループごとに行う。

1 ✕

資産のグルーピングは、他の資産または資産グループのキャッシュ・フローから概ね独立したキャッシュ・フローを生み出す最小の単位で行う。

【固定資産の減損に係る会計基準・二 6（1）】　　　　重要度★★☆

2 ○

【固定資産の減損に係る会計基準・二 5】　　　　重要度★★☆

3 ✕

資産または資産グループに減損が生じている可能性を示す事象（減損の兆候）がある場合には、当該資産または資産グループについて、減損損失を認識するかどうかの判定を行う。

【固定資産の減損に係る会計基準・二 1】　　　　重要度★★☆

4 ✕

これ以外に、当該資産に対する減損損失累計額を、取得原価から間接控除する形式で表示することもできる。この場合、減損損失累計額を減価償却累計額に合算して表示することもできる。

【固定資産の減損に係る会計基準・四 1】　　　　重要度★★☆

5 ✕

減損の兆候の把握、減損損失を認識するかどうかの判定および減損損失の測定は、先ず、資産または資産グループごとに行い、その後より大きな単位で行う。

【固定資産の減損に係る会計基準（注 7）】　　　　重要度★★☆

問題

以下の問いについて考えなさい。

記述問題 1

減損の兆候がある資産または資産グループについては、減損損失を認識するかどうかの判定を行うが、どのような場合に減損損失を認識することになるか、その要件を述べなさい。

　資産または資産グループから得られる割引前将来キャッシュ・フローの総額が帳簿価額を下回る場合には、減損損失を認識する。

【固定資産の減損に係る会計基準・二2（1）】　　　　　　　　重要度★★★

Questions
問題

以下の文章の （　） 内に入る用語を考えなさい。

DATE
／
／
／

1 　市場販売目的のソフトウェアおよび自社利用のソフトウェアを資産として計上する場合には、（無形固定資産）の区分に計上しなければならない。

【研究開発費等に係る会計基準・四 4】　　　　　　　　重要度 ★★★

DATE
／
／
／

2 　研究開発費を費用として処理する方法には、（一般管理費）として処理する方法と（当期製造費用）として処理する方法がある。

【研究開発費等に係る会計基準注解（注 2）】　　　　　重要度 ★★★

DATE
／
／
／

3 　研究開発費には、人件費、原材料費、固定資産の減価償却費および間接費の配賦額等、研究開発のために費消された（すべての原価）が含まれる。また、特定の研究開発目的にのみ使用され、他の目的に使用できない機械装置や特許権等を取得した場合の原価は、（取得時）の研究開発費とする。

【研究開発費等に係る会計基準・二、同注解（注 1）】　　重要度 ★★★

4　無形固定資産として計上したソフトウェアの取得原価は、当該ソフトウェアの性格に応じて、（見込販売数量）に基づく償却方法その他合理的な方法により償却しなければならない。

　ただし、毎期の償却額は、残存有効期間に基づく（均等配分額）を下回ってはならない。

【研究開発費等に係る会計基準・四 5】　　　　　　　重要度★★★

5　受注制作のソフトウェアの制作費は、（請負工事）の会計処理に準じて処理する。

【研究開発費等に係る会計基準・四 1】　　　　　　　重要度★★☆

6　市場販売目的のソフトウェアである製品マスターの制作費は、（研究開発）に該当する部分を除き、（資産）として計上しなければならない。ただし、製品マスターの機能維持に要した費用は、（資産）として計上してはならない。

【研究開発費等に係る会計基準・四 2】　　　　　　　重要度★★☆

Questions
問題

以下の文章について、下線部のいずれかに語句の誤りが存在するものがある。誤りがある場合には、その記号（a〜c）およびそれに代わる適当な語句を考えなさい。誤りがない場合には、○印とする。

Check! & Check!

DATE
/
/
/

1 研究とは、新しい知識の発見a を目的とした計画的な調査および探究をいう。開発とは、新しい製品・サービス・生産方法についての計画若しくは設計または既存の製品等を著しく改良b するための計画若しくは設計として、研究の成果その他の知識を具体化c することをいう。

記号	適当な語句
○	

【研究開発費等に係る会計基準・一 1】　　　　　　重要度 ★★☆

DATE
/
/
/

2 研究開発費は、すべて発生時a に費用として処理しなければならない。
費用として処理する方法には、営業外費用b として処理する方法と当期製造費用c として処理する方法がある。

記号	適当な語句
b	一般管理費

【研究開発費等に係る会計基準・三、同注解（注2）】　　重要度 ★★★

DATE
/
/
/

3 ソフトウェアの減価償却方法について、いずれの減価償却方法による場合にも、毎期見込販売数量a 等の見直しを行い、増加または減少b が見込まれる販売数量等に相当する取得原価は、費用または損失として処理しなければならないc。

記号	適当な語句
b	減少

【研究開発費等に係る会計基準注解（注5）】　　　　重要度 ★★★

64

4 市場販売目的のソフトウェアの制作に係る研究開発の終了時点は、製品番号を付すこと等により販売a の意思が明らかにされた製品マスター、すなわち「最後b に製品化された製品マスター」の完成時点である。この時点までの制作活動は研究開発と考えられるため、ここまでに発生した費用は研究開発費c として処理する。

DATE
/
/
/

記号	適当な語句
b	最初

【研究開発費及びソフトウェアの会計処理に関する実務指針・8】　　　重要度★★☆

5 無形固定資産として計上したソフトウェアの取得原価は、当該ソフトウェアの性格に応じて、見込販売数量a に基づく償却方法その他合理的な方法により償却しなければならない。ただし、毎期の償却額は、残存有効期間b に基づく均等配分額を上回ってはならないc。

DATE
/
/
/

記号	適当な語句
c	下回ってはならない

【研究開発費等に係る会計基準・四 5】　　　重要度★★★

6 ソフトウェア制作費のうち、研究開発に該当する部分は、研究開発費a として費用処理する。

市場販売目的のソフトウェアについては、最初に製品化された製品マスターの完成b までの費用および製品マスターまたは購入したソフトウェアに対する著しい改良c に要した費用が研究開発費に該当する。

DATE
/
/
/

記号	適当な語句
○	

【研究開発費等に係る会計基準・三、同注解（注 3）】　　　重要度★★★

Questions
問題

以下の文章について、正しいものは○、誤っているものには×とし、×としたものは、その理由も考えなさい。

1 ソフトウェアとは、コンピュータを機能させるように指令を組合わせて表現したプログラム等をいう。

---

2 無形固定資産として計上した市場販売目的のソフトウェアの取得原価は、見込販売数量に基づく償却方法で償却をしなければならない。したがって、毎期の償却額が、残存有効期間に基づく均等配分額を下回ることも認められる。

---

3 市場販売目的のソフトウェアである製品マスターの制作費は、すべて資産として計上しなければならない。

---

4 研究開発費には、研究開発のために費消された人件費、原材料費、固定資産の減価償却費など、すべての原価が含まれ、その全額が期間費用となる。

---

5 特定の研究開発目的にのみ使用され、他の目的に使用できない機械装置や特許権等を取得した場合の原価は、資産に計上し、経済的耐用年数にわたって減価償却を実施する。そして、当該事業年度に配分された減価償却費を研究開発費として費用処理する。

---

6 研究開発費の金額は財務諸表に注記しなければならないが、仮に一般管理費に含まれる研究開発費と当期製造費用に含まれる研究開発費がある場合には、それぞれ別々に注記しなければならない。

1 ○

【研究開発費等に係る会計基準・一 2】　　　　　　　　重要度 ★ ★ ☆

DATE
　/
　/
　/

2 ×

無形固定資産として計上したソフトウェアの取得原価は、当該ソフトウェアの性格に応じて、見込販売数量に基づく償却方法その他合理的な方法により償却しなければならない。ただし、毎期の償却額は、残存有効期間に基づく均等配分額を下回ってはならない。

【研究開発費等に係る会計基準・四 5】　　　　　　　　重要度 ★ ★ ★

DATE
　/
　/
　/

3 ×

市場販売目的のソフトウェアである製品マスターの制作費は、研究開発費に該当する部分を除き、資産として計上しなければならない。

【研究開発費等に係る会計基準・四 2】　　　　　　　　重要度 ★ ★ ★

DATE
　/
　/
　/

4 ×

研究開発費のうち当期製造費用として処理されたものは、製品が販売等された期の費用となる。

【研究開発費等に係る会計基準・二、同注解（注 2）】　　　重要度 ★ ★ ★

DATE
　/
　/
　/

5 ×

特定の研究開発目的にのみ使用され、他の目的に使用できない機械装置や特許権等を取得した場合の原価は、取得時の研究開発費とする。

【研究開発費等に係る会計基準注解（注 1）】　　　　　　重要度 ★ ★ ★

DATE
　/
　/
　/

6 ×

一般管理費および当期製造費用に含まれる研究開発費の総額は、財務諸表に注記しなければならない。

【研究開発費等に係る会計基準・五】　　　　　　　　　重要度 ★ ★ ☆

DATE
　/
　/
　/

Questions
[問 題]

以下の文章について、正しいものは○、誤っているものには×とし、×としたものは、その理由も考えなさい。

1 受注制作のソフトウェアの制作費は、市場販売目的のソフトウェアの会計処理に準じて処理する。

2 ソフトウェアを用いて外部へ業務処理等のサービスを提供する契約等が締結されている場合のように、その提供により将来の収益獲得が確実であると認められる場合には、適正な原価を集計した上、当該ソフトウェアの制作費を資産として計上しなければならない。

3 制作途中のソフトウェアの制作費は、無形固定資産の仮勘定として計上する。

4 ソフトウェアの制作費のうち研究開発に該当する部分については研究開発費とされ、それはすべて当期の期間費用となる。

5 市場販売目的のソフトウェアを資産として計上する場合には、流動資産の区分に棚卸資産として計上しなければならない。
また、自社利用のソフトウェアを資産として計上する場合には、無形固定資産の区分に計上しなければならない。

1 ✕

受注制作のソフトウェアの制作費は、請負工事の会計処理に準じて処理する。

【研究開発費等に係る会計基準・四 1】　　　　　　　　重要度 ★ ★ ☆

2 ◯

【研究開発費等に係る会計基準・四 3】　　　　　　　　重要度 ★ ★ ☆

3 ◯

【研究開発費等に係る会計基準注解（注 4）】　　　　　　重要度 ★ ★ ☆

4 ✕

研究開発費のうち当期製造費用として処理されたものは、製品が販売等された期の費用となる。

【研究開発費等に係る会計基準注解（注 2）】　　　　　　重要度 ★ ★ ★

5 ✕

市場販売目的のソフトウェアおよび自社利用のソフトウェアを資産として計上する場合には、無形固定資産の区分に計上しなければならない。

【研究開発費等に係る会計基準・四 4】　　　　　　　　重要度 ★ ★ ★

Questions
問題

以下の文章の（　）内に入る用語を考えなさい。

DATE
/
/
/

1 　株式交付費は、原則として、支出時に（費用）として処理するが、企業規模の拡大のためにする資金調達などの財務活動に係る株式交付費については、（繰延資産）に計上することができる。

【繰延資産の会計処理に関する当面の取扱い・3（1）】　　重要度 ★★★

DATE
/
/
/

2 　株式交付費は、新株の発行または自己株式の（処分）に係る費用であり、原則として支出時の費用として処理する。

【繰延資産の会計処理に関する当面の取扱い・3（1）】　　重要度 ★★☆

DATE
/
/
/

3 　株式交付費を繰延資産として処理した場合には、株式交付のときから（3 年）以内のその効果の及ぶ期間にわたって、定額法により償却をしなければならない。

【繰延資産の会計処理に関する当面の取扱い・3（1）】　　重要度 ★★★

Check!
&
Check!

4 社債発行費は、原則として、支出時に（費用）として処理する。ただし、社債発行費を（繰延資産）に計上することができる。

【繰延資産の会計処理に関する当面の取扱い・3（2）】　重要度★★★

DATE
／
／
／

5 社債発行費を繰延資産に計上した場合には、社債の償還までの期間にわたり（利息法）により償却をしなければならない。なお、償却方法については、継続適用を条件として、（定額法）を採用することができる。

【繰延資産の会計処理に関する当面の取扱い・3（2）】　重要度★★☆

DATE
／
／
／

6 社債発行費等には、社債発行費の他、（新株予約権）の発行に係る費用が含まれる。

【繰延資産の会計処理に関する当面の取扱い・2（2）②】　重要度★★★

DATE
／
／
／

Questions
[問 題]

以下の文章について、下線部のいずれかに語句の誤りが存在するものがある。誤りがある場合には、その記号（a～c）およびそれに代わる適当な語句を考えなさい。誤りがない場合には、○印とする。

1
「将来の期間に影響する特定の費用」とは、すでに代価の支払いが完了しまたは支払義務が確定a し、これに対応する役務の提供を受けたb にもかかわらず、その効果が将来にわたって発現c するものと期待される費用をいう。

これらの費用は、その効果が及ぶ数期間に合理的に配分するため、経過的に貸借対照表上繰延資産として計上することができる。

記号	適当な語句
○	

【企業会計原則・注解 15】 重要度★★★

2
株式交付費（新株の発行または自己株式の処分a に係る費用）は、原則として、支出時の費用（営業外費用b）として処理する。ただし、企業規模の維持c のためにする資金調達などの財務活動に係る株式交付費については、繰延資産に計上することができる。

記号	適当な語句
c	拡大

【繰延資産の会計処理に関する当面の取扱い・3（1）】 重要度★★★

3
社債発行費は、原則として、支出時a に費用（販売費及び一般管理費b）として処理する。ただし、社債発行費を繰延資産に計上することができる。この場合には、社債の償還までの期間にわたり利息法c 等により償却をしなければならない。

記号	適当な語句
b	営業外費用

【繰延資産の会計処理に関する当面の取扱い・3（2）】 重要度★★★

4 創立費を繰延資産とした場合には、開業a のときから 5 年b 以内のその効果の及ぶ期間にわたって、定額法c により償却をしなければならない。

記号	適当な語句
a	会社の成立

【繰延資産の会計処理に関する当面の取扱い・3（3）】

重要度★★☆

5 開業費は、原則として、支出時a に費用（販売費及び一般管理費b）として処理する。ただし、開業費を繰延資産に計上することができる。この場合には、開業のときから 5 年c 以内のその効果の及ぶ期間にわたって、定額法により償却をしなければならない。

記号	適当な語句
b	営業外費用

【繰延資産の会計処理に関する当面の取扱い・3（4）】

重要度★★☆

6 開発費は、原則として、支出時a に費用（売上原価または販売費及び一般管理費b）として処理する。ただし、開発費を繰延資産に計上することができる。この場合には、支出のときから 3 年c 以内のその効果の及ぶ期間にわたって、定額法その他の合理的な方法により規則的に償却しなければならない。

記号	適当な語句
c	5 年

【繰延資産の会計処理に関する当面の取扱い・3（5）】

重要度★★☆

Questions
問題

以下の文章について、正しいものは○、誤っているものには×とし、×としたものは、その理由も考えなさい。

1 　将来の期間に影響する特定の費用は、次期以後の期間に配分して処理するため、経過的に貸借対照表の資産の部に記載することができる。

2 　株式交付費には、新株の発行にともなう費用のみならず、自己株式の取得および処分に係る費用も含まれる。

3 　繰延資産として資産計上が可能なものは、創立費、開業費、株式交付費、社債発行費等の4つの項目である。

4 　社債発行費を繰延資産とした場合の償却方法は利息法であり、これ以外の方法は認められていない。

5 　天災等により固定資産または企業の営業活動に必須の手段たる資産の上に生じた損失が、その期の純利益などから当期の処分予定額を控除した金額をもって負担しえない程度に巨額であり、特に法令をもって認められた場合には、これを経過的に貸借対照表の資産の部に記載して繰延経理することができる。

6 　臨時巨額の損失について、一定の条件を満たす場合には、経過的に貸借対照表の資産の部に計上することが許容される。これは、繰延資産の性質を有するものである。

1 ○

【企業会計原則・貸借対照表原則・一D】　　　　　重要度★★★

DATE
/
/
/

2 ×

株式交付費は、新株の発行または自己株式の処分に係る費用である。

【繰延資産の会計処理に関する当面の取扱い・3（1）】　　重要度★★☆

DATE
/
/
/

3 ×

繰延資産として資産計上が可能なものは、創立費、開業費、開発費、株式交付費、社債発行費等の5つの項目である。

【繰延資産の会計処理に関する当面の取扱い・2（2）】　　重要度★★★

DATE
/
/
/

4 ×

社債発行費を繰延資産とした場合には、社債の償還までの期間にわたり利息法により償却しなければならない。なお、償却方法については、継続適用を条件として、定額法を採用することができる。

【繰延資産の会計処理に関する当面の取扱い・3（2）】　　重要度★★☆

DATE
/
/
/

5 ○

重要度★★☆

DATE
/
/
/

6 ×

臨時巨額の損失は、その効果が将来にわたって発現するものではないため、繰延資産としての性質は有していない。

【企業会計原則・注解15】　　　　　重要度★★☆

DATE
/
/
/

75

Questions
問題

以下の文章の（　）内に入る用語を考えなさい。

1　将来の特定の（費用または損失）であって、その発生が（当期以前の事象）に起因し、（発生の可能性）が高く、かつ、その（金額）を合理的に見積ることができる場合には、当期の負担に属する金額を当期の（費用または損失）として引当金に繰入れ、当該引当金の残高を貸借対照表の負債の部または資産の部に記載する。

【企業会計原則・注解 18】　　　　　　　　　　　　重要度★★★

2　引当金は、将来の発生の可能性が高い費用または損失について設定されるものであり、発生の可能性の低い（偶発事象）に係る費用または損失については、引当金を設定することはできない。

【企業会計原則・注解 18】　　　　　　　　　　　　重要度★★★

3　貸倒見積高の算定にあたっては、債務者の財政状態および経営成績等に応じて、債権を（一般）債権、（貸倒懸念）債権および（破産更生債権等）に区分する。

【金融商品に関する会計基準・27】　　　　　　　　重要度★★★

Check!
&
Check!

4 　一般債権については、債権全体または同種・同類の債権ごとに、債権の状況に応じて求めた過去の（貸倒実績率）等合理的な基準により（貸倒見積高）を算定する。

【金融商品に関する会計基準・28（1）】　　　　　　重要度 ★ ★ ★

DATE
/
/
/

5 　貸倒懸念債権における貸倒見積高の算定方法に関して、債権の元本の回収および利息の受取りに係るキャッシュ・フローを合理的に見積ることができる債権については、債権の元本および利息について元本の回収および利息の受取りが見込まれるときから（当期末）までの期間にわたり当初の（約定利子率）で割引いた金額の総額と債権の帳簿価額との差額を（貸倒見積高）とする。

【金融商品に関する会計基準・28（2）②】　　　　　　重要度 ★ ★ ★

DATE
/
/
/

Questions
問題

以下の文章の（　）内に入る用語を考えなさい。

1　経営破綻または実質的に経営破綻に陥っている債務者に対する債権を（破産更生債権等）というが、当該債権については、債権額から担保の処分見込額および（保証による回収見込額）を減額し、その残額を（貸倒見積高）とする。

【金融商品に関する会計基準・27（3）、28（3）】　　　重要度★★★

2　破産更生債権等の貸倒見積高は、原則として、（貸倒引当金）として処理する。ただし、債権金額または取得価額から（直接減額）することもできる。

【金融商品に関する会計基準・（注10）】　　　重要度★★★

3 　当事業年度の職務に係る役員賞与を期末後に開催される株主総会の決議事項とする場合には、当該支給は株主総会の決議が前提となるので、当該決議事項とする額またはその見込額を、原則として、（引当金）に計上する。

【役員賞与に関する会計基準・13】　　　　　　　重要度★★☆

Questions
問題

以下の文章について、下線部のいずれかに語句の誤りが存在するものがある。誤りがある場合には、その記号（a〜c）およびそれに代わる適当な語句を考えなさい。誤りがない場合には、○印とする。

Check!
&
Check!

DATE
/
/
/

1 　債権の貸倒見積高を算定する際に、債権を一般債権、貸倒懸念債権および破産更生債権等に区分し、一般債権については貸倒実績率法a により、貸倒懸念債権については財務内容評価法またはキャッシュ・フロー見積法b により、破産更生債権等については実質価値法c により算定する。

記号	適当な語句
c	財務内容評価法

【金融商品に関する会計基準・27、28】　　　　　　　　　　重要度 ★ ★ ★

DATE
/
/
/

2 　引当金は、将来a の発生の可能性が高いb 費用または損失について設定されるものであり、発生の可能性が低いc 偶発事象に係る費用または損失については、引当金を設定することはできない。

記号	適当な語句
○	

【企業会計原則・注解 18】　　　　　　　　　　　　　　　重要度 ★ ★ ★

DATE
/
/
/

3 　貸倒引当金は、その債権が属する科目ごとに控除する形式a で表示することを原則とするが、2 以上の科目について、貸倒引当金を一括して記載b する方法、債権について、貸倒引当金を控除した残額のみを記載し、当該貸倒引当金を注記c する方法が認められている。

記号	適当な語句
○	

【企業会計原則・注解 17】　　　　　　　　　　　　　　　重要度 ★ ★ ☆

4 経営破綻の状態には至っていないが、<u>債務の弁済a</u>に重大な問題が生じているかまたは生じる可能性の高い<u>債務者b</u>に対する債権を<u>破産更生債権等c</u>という。

記号	適当な語句
C	貸倒懸念債権

【金融商品に関する会計基準・27（2）】　　　　重要度★★★

DATE
／
／
／

5 役員賞与と役員報酬は<u>職務執行の対価a</u>として支給されるが、<u>職務執行の対価a</u>としての性格は、本来、<u>支給手続b</u>の相違により影響を受けるものではないと考えられるため、その性格に従い、<u>費用c</u>として処理することが適当である。

記号	適当な語句
○	

【役員賞与に関する会計基準・12（2）】　　　　重要度★★☆

DATE
／
／
／

Questions
問題

以下の文章について、正しいものは○、誤っているものには×とし、×としたものは、その理由も考えなさい。

1 破産更生債権等については、債権額から担保の処分見込額および保証による回収見込額を減額し、さらにその残額について債務者の財政状態および経営成績を考慮して貸倒見積高を算定する。

2 キャッシュ・フロー見積法による貸倒懸念債権の評価では、債権の元本および利息について債権の元本および利息の受取りが見込まれる時から当期末までの期間にわたり当初の約定利子率と契約変更後の約定利子率を加重平均した利子率で割引いた金額と債権の帳簿価額との差額を貸倒見積高とする。

3 破産更生債権等の貸倒見積高は、原則として、貸倒引当金として処理する。ただし、債権金額または取得価額から直接減額することもできる。

4 役員賞与は、発生した会計期間の費用として処理するため、当事業年度の職務に係る役員賞与を期末後に開催される株主総会の決議事項とする場合であっても、引当金に計上することはできない。

5 貸倒引当金は、2以上の科目について、貸倒引当金を一括して記載する形式で表示することを原則とし、例外として、その債権が属する科目ごとに控除する形式で表示する方法と、債権について、貸倒引当金を控除した残額のみを記載し、当該貸倒引当金を注記する方法が認められている。

6 貸付金に対する貸倒引当金繰入額は、損益計算書上、すべて営業外費用の区分に表示される。

Check!
&
Check!

1 ✕

破産更生債権等については、債権額から担保の処分見込額および保証による回収見込額を減額し、その残額を貸倒見積高とする。

【金融商品に関する会計基準・28（3）】　　　　　重要度★★★

DATE
/
/
/

2 ✕

当初の約定利子率で割引いた金額と債権の帳簿価額との差額を貸倒見積高とする。

【金融商品に関する会計基準・28（2）②】　　　　重要度★★★

DATE
/
/
/

3 ◯

【金融商品に関する会計基準（注10）】　　　　　重要度★★★

DATE
/
/
/

4 ✕

当事業年度の職務に係る役員賞与を期末後に開催される株主総会の決議事項とする場合には、当該支給は株主総会の決議が前提となるので、当該決議事項とする額またはその見込額を、原則として、引当金に計上する。

【役員賞与に関する会計基準・3、13】　　　　　重要度★★☆

DATE
/
/
/

5 ✕

貸倒引当金は、その債権が属する科目ごとに控除する形式で表示することを原則とする。

【企業会計原則・注解17】　　　　　重要度★★☆

DATE
/
/
/

6 ✕

営業活動上必要な貸付金の貸倒引当金繰入額は、販売費及び一般管理費となる。

【財務諸表等規則第87条、同ガイドライン・87】　　重要度★★☆

DATE
/
/
/

Questions
問 題

以下の文章について、正しいものは○、誤っているものには×とし、×としたものは、その理由も考えなさい。

1 営業の必要に基づいて経常的に発生する得意先または仕入先に対する貸付金、立替金等の債権に対する貸倒引当金繰入額は、損益計算書上、営業外費用の区分に表示される。

2 将来の特定の費用または損失であって、その発生が当期以前の事象に起因し、発生の可能性が高く、かつ、その金額を合理的に見積ることができる場合、引当金を設定することになるが、たとえ重要性が乏しいとしても設定要件を満たしている場合は、引当金を設定しなければならない。

3 企業会計原則において、引当金はすべて負債の部に表示される。

1 ×

営業活動上必要な貸付金、立替金等の債権に対する貸倒引当金繰入
額は、販売費及び一般管理費となる。

【財務諸表等規則第 87 条、同ガイドライン・87】　　　　　重要度★★☆

DATE
/
/
/

2 ×

重要性が乏しい場合は、引当金を設定しないことができる。

【企業会計原則・注解 1（3）、18】　　　　　重要度★★☆

DATE
/
/
/

3 ×

貸倒引当金は、原則として資産の部に債権が属する科目ごとに控除
する形式で表示される。

【企業会計原則・注解 17】　　　　　重要度★★★

DATE
/
/
/

Questions
問題

以下の各問いについて考えなさい。

記述問題 1

Check!
&
Check!

企業会計原則に定める引当金の設定要件を述べなさい。

DATE
/
/
/

①将来の特定の費用または損失であること。②その発生が当期以前の事象に起因していること。③発生の可能性が高いこと。④その金額を合理的に見積ることができること。

【企業会計原則・注解 18】　　　　　　　　　　　　　　　　　　重要度★★★

記述問題 2

負債の部に記載される引当金は、負債性引当金ともよばれ、退職給付引当金、修繕引当金などが該当するが、そのなかでも修繕引当金は、他の負債性引当金とは異なる性格を持っているといわれる。どのような点が異なっているか述べなさい。

Check!
&
Check!

DATE

／

／

／

　修繕引当金は、債務性を有していないため、この点が退職給付引当金などの他の負債性引当金と異なる。

重要度★★☆

Questions
問 題

以下の文章の（　）内に入る用語を考えなさい。

DATE
/
/
/

1 　退職給付のうち、認識時点までに発生していると認められる部分を割引いたものを（退職給付債務）という。

【退職給付に関する会計基準・6】　　　　　　　　重要度★★★

DATE
/
/
/

2 　勤務費用は、（退職給付見込額）のうち当期に発生したと認められる額を割引いて計算する。なお、従業員からの拠出がある企業年金制度を採用している場合には、勤務費用の計算にあたり、従業員からの拠出額を勤務費用から差引く。

【退職給付に関する会計基準・17、（注4）】　　　重要度★★★

DATE
/
/
/

3 　割引計算により算定された期首時点における退職給付債務について、期末までの時の経過により発生する計算上の利息を（利息費用）という。

【退職給付に関する会計基準・9】　　　　　　　　重要度★★★

4 　退職給付見込額のうち期末までに発生したと認められる額は、（期間定額）基準または（給付算定式）基準のいずれかの方法を選択適用して計算する。

【退職給付に関する会計基準・19】　　　　　　　　重要度★★★

DATE
/
/
/

5 　年金資産の期待運用収益と実際の運用成果との差異、退職給付債務の数理計算に用いた見積数値と実績との差異および見積数値の変更等により発生した差異を（数理計算上）の差異という。

【退職給付に関する会計基準・11】　　　　　　　　重要度★★★

DATE
/
/
/

6 　過去勤務費用とは、退職給付水準の改訂等に起因して発生した退職給付債務の増加または減少部分をいう。なお、このうち当期純利益を構成する項目として費用処理されていないものを（未認識過去勤務費用）という。

【退職給付に関する会計基準・12】　　　　　　　　重要度★★★

Questions
問題

以下の文章について、下線部のいずれかに語句の誤りが存在するものがある。誤りがある場合には、その記号（a～c）およびそれに代わる適当な語句を考えなさい。誤りがない場合には、○印とする。

DATE
/
/
/

1 　退職給付債務a は、退職により見込まれる退職給付の総額（退職給付見込額）のうち、期首b までに発生していると認められる額を割引いてc 計算する。

記号	適当な語句
b	期　末

【退職給付に関する会計基準・16】　　　　　　　　重要度★★★

DATE
/
/
/

2 　数理計算上の差異は、原則として各期の発生額について、予想される退職時a から現在までの平均残存勤務期間b 以内の一定の年数で按分した額を毎期費用処理c する。

記号	適当な語句
○	

【退職給付に関する会計基準・24】　　　　　　　　重要度★★★

DATE
/
/
/

3 　過去勤務費用は、原則として各期の発生額a について、平均残存勤務期間b 以内の一定の年数で按分した額を毎期引当金c 処理する。

記号	適当な語句
c	費　用

【退職給付に関する会計基準・25】　　　　　　　　重要度★★★

4 臨時に支給a される退職給付であって、あらかじめ予測できないものおよび退職給付債務の計算にあたって考慮されていたもの以外の退職給付の支給については、支払時b の退職給付費用c として処理する。

記号	適当な語句
○	

【退職給付に関する会計基準（注 2 ）】　　　重要度★★☆

5 従業員数が比較的少ない小規模な企業等において、高い信頼性をもって数理計算上の見積りa を行うことが困難である場合または退職給付に係る財務諸表項目に重要性が乏しい場合には、期末の退職給付の要支給額b を用いた見積計算を行う等の簡便な方法を用いて、退職給付に係る負債（個別においては退職給付引当金）および退職給付費用c を計算することができる。

記号	適当な語句
○	

【退職給付に関する会計基準・26】　　　重要度★★☆

6 連結会計上、数理計算上の差異の当期発生額a および過去勤務費用の当期発生額a のうち、費用b 処理されない部分については、退職給付費用c に含めて計上する。

記号	適当な語句
c	その他の包括利益

【退職給付に関する会計基準・15】　　　重要度★★★

91

Questions

問 題

以下の文章について、正しいものは○、誤っているものには×とし、×としたものは、その理由も考えなさい。

1 　退職給付債務は、退職給付見込額のうち退職時までに発生していると認められる額を割引いて計算する。

2 　退職給付引当金の額を超えて退職給付が支給された場合、その超えた額は必ずしも支給時の属する期間の労働に対する退職給付であるとは限らないが、その期の退職給付費用として処理する。

3 　数理計算上の差異については、当期の発生額を翌期から費用処理する方法を用いることができる。

4 　退職給付会計において、過去勤務費用を発生時に全額費用処理する場合などにおいて、その金額が重要であると認められるときには、当該金額を特別損益として計上することができる。

5 　退職給付会計において、数理計算上の差異については、未認識数理計算上の差異の残高の一定割合を費用処理する方法（いわゆる定率法）によることができるが、過去勤務費用については、未認識過去勤務費用の残高の一定割合を費用処理する定率法は認められない。

Check!
&
Check!

1 ✕

退職給付債務は、退職給付見込額のうち、期末までに発生している
と認められる額を割引いて計算する。

【退職給付に関する会計基準・16】　　　　　　　　　　重要度★★★

2 ○

【退職給付に関する会計基準（注2）】　　　　　　　　　重要度★★☆

3 ○

【退職給付に関する会計基準（注7）】　　　　　　　　　重要度★★★

4 ○

【退職給付に関する会計基準・28】　　　　　　　　　　重要度★★☆

5 ✕

過去勤務費用についても、未認識過去勤務費用の残高の一定割合を
費用処理する定率法によることができる。

【退職給付に関する会計基準（注7）、（注9）】　　　　　重要度★★★

Questions

問題

以下の文章について、正しいものは○、誤っているものには×とし、×としたものは、その理由も考えなさい。

1 　退職給付債務の計算における割引率は、安全性の高い債券の利回りを基礎として決定し、年金資産からの期待運用収益は、期首の年金資産の額に合理的に期待される実際運用収益率を乗じて計算する。

2 　退職給付債務は、原則として、勤続年数、残存勤務期間、退職給付見込額等について標準的な数値を用いて加重平均等により合理的な計算により算定する。

3 　退職給付会計において、年金資産の額が退職給付債務を超える場合には、退職給付に係る資産等適当な科目をもって資産として計上する。

4 　退職給付見込額の見積りにおいて、合理的に見込まれる退職給付の変動要因に、予想される昇給等を含めてはならない。

5 　連結会計上、当期に発生した未認識数理計算上の差異および未認識過去勤務費用は、税効果を調整の上、その他の包括利益を通じて純資産の部に計上する。

Check!
&
Check!

1 ✕

年金資産からの期待運用収益は、期首の年金資産の額に長期期待運用収益率を乗じて計算する。

【退職給付に関する会計基準・20、23】　　　　　　　　重要度★★★

2 ✕

退職給付債務は、原則として、個々の従業員ごとに計算する。

【退職給付に関する会計基準（注3）】　　　　　　　　重要度★★★

3 ◯

【退職給付に関する会計基準・13、27】　　　　　　　　重要度★★★

4 ✕

退職給付見込額の見積りにおいて、合理的に見込まれる退職給付の変動要因には、予想される昇給等が含まれる。

【退職給付に関する会計基準（注5）】　　　　　　　　重要度★★☆

5 ◯

【退職給付に関する会計基準・24、25】　　　　　　　　重要度★★★

以下の各問いについて考えなさい。

記述問題 1

Check!
&
Check!

DATE
/
/
/

退職給付における、確定拠出制度と確定給付制度の定義を述べなさい。

　確定拠出制度とは、一定の掛金を外部に積立て、事業主である企業が、当該掛金以外に退職給付に係る追加的な拠出義務を負わない退職給付制度をいう。

　確定給付制度とは、確定拠出制度以外の退職給付制度をいう。

【退職給付に関する会計基準・4、5】　　　　　　　　　　　　　重要度★★☆

記述問題 2

退職給付見込額の期間帰属について、2 つの基準のいずれかを選択適用して計算することになるが、基準名を述べるとともに各基準における計算方法を述べなさい。

（1）期間定額基準

　　期間定額基準とは、退職給付見込額について全勤務期間で除した額を各期の発生額とする方法をいう。

（2）給付算定式基準

　　給付算定式基準とは、退職給付制度の給付算定式に従って各勤務期間に帰属させた給付に基づき見積った額を、退職給付見込額の各期の発生額とする方法をいう。

【退職給付に関する会計基準・19】　　　　　　　　　　　　　　重要度★★☆

Questions
問 題

Check!
&
Check!
以下の文章の（　）内に入る用語を考えなさい。

DATE
/
/
/

1 資産除去債務とは、（有形固定資産）の取得、建設、開発または通常の使用によって生じ、当該（有形固定資産）の除去に関して法令または契約で要求される（法律上の義務）およびそれに準ずるものをいう。

【資産除去債務に関する会計基準・3（1）】　　　　　　重要度★★★

DATE
/
/
/

2 資産除去債務は、（有形固定資産）の取得、建設、開発または通常の使用によって発生した時に（負債）として計上する。

【資産除去債務に関する会計基準・4】　　　　　　重要度★★★

DATE
/
/
/

3 資産除去債務はそれが発生したときに、有形固定資産の除去に要する（割引前）の将来キャッシュ・フローを見積り、（割引後）の金額で算定する。

【資産除去債務に関する会計基準・6】　　　　　　重要度★★★

Check!
&
Check!

4　資産除去債務の算定における割引率は、貨幣の時間価値を反映した（無リスク）の税引前の利率とする。

【資産除去債務に関する会計基準・6（2）】　　　重要度★★☆

DATE
／
／
／

5　資産除去債務に対応する（除去費用）は、資産除去債務を負債として計上した時に、当該負債の計上額と同額を、関連する有形固定資産の（帳簿価額）に加える。

【資産除去債務に関する会計基準・7】　　　重要度★★★

DATE
／
／
／

6　資産計上された資産除去債務に対応する除去費用は、（減価償却）を通じて、当該有形固定資産の残存耐用年数にわたり、各期に（費用配分）する。

【資産除去債務に関する会計基準・7】　　　重要度★★★

DATE
／
／
／

Questions
問題

Check!
Check!

以下の文章の（　）内に入る用語を考えなさい。

DATE
/
/
/

1　有形固定資産の除去とは、有形固定資産を用役提供から除外することをいう。除去の具体的な態様としては、売却、廃棄、リサイクルその他の方法による処分等が含まれるが、（転用）や（用途変更）は含まれない。また、当該有形固定資産が（遊休状態）になる場合は除去に該当しない。

【資産除去債務に関する会計基準・3（2）】　　　　重要度★★☆

DATE
/
/
/

2　時の経過による資産除去債務の調整額は、その発生時の（費用）として処理する。当該調整額は、期首の負債の帳簿価額に当初負債計上時の（割引率）を乗じて算定する。

【資産除去債務に関する会計基準・9】　　　　重要度★★★

DATE
/
/
/

3　資産計上された資産除去債務に対応する除去費用に係る費用配分額は、損益計算書上、当該資産除去債務に関連する有形固定資産の（減価償却費）と同じ区分に含めて計上する。

【資産除去債務に関する会計基準・13】　　　　重要度★★★

4 資産除去債務が有形固定資産の稼動等に従って、使用の都度発生する場合には、資産除去債務に対応する除去費用を各期においてそれぞれ（資産）計上し、関連する有形固定資産の（残存耐用年数）にわたり、各期に費用配分する。

【資産除去債務に関する会計基準・8】　　　　重要度★★★

5 資産除去債務は、（貸借対照表日）後1年以内にその履行が見込まれる場合を除き、（固定負債）の区分に資産除去債務等の適切な科目名で表示する。

【資産除去債務に関する会計基準・12】　　　　重要度★★☆

6 資産除去債務の算定において、割引前の将来キャッシュ・フローに重要な見積りの変更が生じ、当該キャッシュ・フローが（増加）する場合、その時点の割引率を適用する。これに対し、当該キャッシュ・フローが（減少）する場合には、（負債）計上時の割引率を適用する。

【資産除去債務に関する会計基準・11】　　　　重要度★★☆

Questions
問題

以下の文章について、下線部のいずれかに語句の誤りが存在するものがある。誤りがある場合には、その記号（a～c）およびそれに代わる適当な語句を考えなさい。誤りがない場合には、○印とする。

DATE
/
/
/

1 資産除去債務は、有形固定資産の除去に要する割引前a の将来キャッシュ・フローを見積り、割引率を用いて割引現在価値b を算定するが、リスクがある場合は、当該リスクを割引率c に含めて算定する。

記号	適当な語句
C	割引前の将来キャッシュ・フロー

【資産除去債務に関する会計基準の適用指針・3】　　　　重要度 ★ ★ ★

DATE
/
/
/

2 資産除去債務の会計処理の考え方として、有形固定資産の除去に係る用役（除去サービス）の費消を、当該有形固定資産の使用に応じて各期間に費用配分a し、それに対応する金額を負債b として認識する考え方に基づく会計処理を、資産負債の両建処理c という。

記号	適当な語句
C	引当金処理

【資産除去債務に関する会計基準・32】　　　　重要度 ★ ★ ★

DATE
/
/
/

3 法律上の義務a に基づく解体、撤去、処分等のための費用が資産除去債務に該当する場合には、債務として負担している金額が合理的に見積られることを条件b に、資産除去債務の全額を負債として計上し、同額を有形固定資産の取得原価に反映させる処理を行うことが考えられるが、これを資産負債の両建処理c という。

記号	適当な語句
○	

【資産除去債務に関する会計基準・32】　　　　重要度 ★ ★ ★

4 　資産除去債務の算定における、割引前aの将来キャッシュ・フローは、合理的で説明可能な仮定および予測に基づく自己の支出見積りによるが、その見積金額は、生起する可能性の最も低いb単一の金額または生起し得る複数の将来キャッシュ・フローをそれぞれの発生確率で加重平均cした金額とする。

記号	適当な語句
b	最も高い

【資産除去債務に関する会計基準・6（1）】　　　　　重要度★★★

5 　資産除去債務の履行時に認識される資産除去債務残高aと資産除去債務の決済のために実際に支払われた額bとの差額は、損益計算書上、原則として、当該資産除去債務に対応する除去費用に係る費用配分額と同じ区分cに含めて計上する。

記号	適当な語句
○	

【資産除去債務に関する会計基準・15】　　　　　重要度★★★

6 　資産計上された資産除去債務に対応する除去費用aは、割引率を乗じてb、当該有形固定資産の残存耐用年数にわたり、各期に費用配分cする。

記号	適当な語句
b	減価償却を通じて

【資産除去債務に関する会計基準・7】　　　　　重要度★★★

Questions
問題

以下の文章について、正しいものは○、誤っているものには×とし、×としたものは、その理由も考えなさい。

1 時の経過による資産除去債務の調整額（利息費用）は、利息の調整項目であるため、損益計算書上、営業外収益または営業外費用の区分に計上する。

2 資産除去債務の引当金処理は、有形固定資産の除去に必要な金額が貸借対照表に計上されず、資産除去債務の負債計上が不十分であるという考え方等により、会計処理としては採用されていない。

3 有形固定資産の使用期間中に実施する環境修復や修繕についても資産除去債務の算定上考慮しなければならない。

4 資産除去債務が有形固定資産の稼動等に従って、使用の都度発生する場合には、資産除去債務に対応する除去費用をいったん資産に計上し、当該計上時期と同一の期間に、資産計上額と同一の金額を費用処理することができる。

5 有形固定資産の除去について、当初の除去予定時期よりも著しく早期に除去することとなった場合など、当該差額（履行差額）が異常な原因により生じたものである場合には、特別損益として処理する。

6 資産除去債務における将来キャッシュ・フローの見積りには、法人税等の影響額を含めずに算定する。

Check!
&
Check!

1 ✕

時の経過による資産除去債務の調整額（利息費用）は、損益計算書上、当該資産除去債務に関連する有形固定資産の減価償却費と同じ区分に含めて計上する。

【資産除去債務に関する会計基準・14】　　　　　　重要度★★★

DATE
/
/
/

2 ○

【資産除去債務に関する会計基準・34】　　　　　　重要度★★☆

DATE
/
/
/

3 ✕

資産除去債務は、有形固定資産の除去に関わるものであるため、使用期間中に実施する環境修復や修繕は対象とはならない。

【資産除去債務に関する会計基準・24】　　　　　　重要度★★☆

DATE
/
/
/

4 ○

【資産除去債務に関する会計基準・8】　　　　　　重要度★★★

DATE
/
/
/

5 ○

【資産除去債務に関する会計基準・58】　　　　　　重要度★★☆

DATE
/
/
/

6 ○

【資産除去債務に関する会計基準の適用指針・4】　　　　重要度★★☆

DATE
/
/
/

問題

以下の各問いについて考えなさい。

記述問題 1

Check!
&
Check!

資産除去債務の定義を述べなさい。

DATE
/
/
/

　資産除去債務とは、有形固定資産の取得、建設、開発または通常の使用によって生じ、当該有形固定資産の除去に関して法令または契約で要求される法律上の義務およびそれに準ずるものをいう。この場合の法律上の義務およびそれに準ずるものには、有形固定資産を除去する義務のほか、有形固定資産の除去そのものは義務でなくとも、有形固定資産を除去する際に当該有形固定資産に使用されている有害物質等を法律等の要求による特別の方法で除去するという義務も含まれる。

【資産除去債務に関する会計基準・3（1）】　　　　　　　　　　重要度★★★

記述問題 2

現在の我が国の会計は、収益費用アプローチから資産負債アプローチへと会計観の変化が見受けられる。資産除去債務に関する会計基準により資産除去債務の計上が求められるようになったのも、収益費用アプローチから資産負債アプローチへの移行の結果であるといえる。つまり、収益費用アプローチでも資産除去債務に相当する将来の費用額を引当金処理することもできる a が、これでは資産除去に要する現在価値 b が不明となる。このように現在の負債の計上額を求める点にも資産負債アプローチの特徴があるといえる。

問1　下線 a について、引当金処理法と資産負債両建法（資産除去債務を計上する方法）では、ＲＯＡ（総資産当期純利益率）はどちらが不利に計算されるか（最終年度を除く）、いずれかの方法を示したうえで、その理由を考えなさい。なお、引当金処理法と資産負債両建法で計算した費用には大きな差異はないものとし、費用の差は考慮しなくてよい。

Check!
&
Check!

DATE
/
/
/

資産負債両建法

　資産負債両建法では、有形固定資産の購入当初から除去費用が取得原価に算入されるため、総資産が大きくなり、ＲＯＡが不利に計算される。

問2　下線 b について、現在価値の計上において利息費用が計上される。当該資産が工場（製造業）であった場合、この費用が最終的に損益計算書のどの区分に計上されるか考えなさい。

売上原価

重要度★☆☆

Questions
問題

以下の文章の（　）内に入る用語を考えなさい。

1　申込期日経過後における新株式申込証拠金は、（資本金）の区分の次に特別の区分を設けて表示しなければならない。

【企業会計原則・貸借対照表原則・四（三）C】　　　　　　重要度★☆☆

2　個別貸借対照表の純資産の部は、株主資本と、（評価・換算差額等）、株式引受権および新株予約権に区分される。これに対して、連結貸借対照表の純資産の部は、株主資本と、（その他の包括利益累計額）、株式引受権、新株予約権および非支配株主持分に区分される。

【貸借対照表の純資産の部の表示に関する会計基準・7、　重要度★★★
包括利益の表示に関する会計基準・16】

3　貸借対照表の純資産の部における評価・換算差額等には、（その他有価証券評価差額金）や繰延ヘッジ損益のように、資産または負債は時価をもって貸借対照表価額としているが、当該資産または負債に係る評価差額を当期の損益としていない場合の当該評価差額や、（為替換算調整勘定）、退職給付に係る調整累計額等が含まれる。

【貸借対照表の純資産の部の表示に関する会計基準・8】　　重要度★★★

4 　期末に保有する自己株式は、純資産の部の（株主資本）の末尾に自己株式として一括して控除する形式で表示する。

【自己株式及び準備金の額の減少等に関する会計基準・8】　　重要度★★★

DATE
／
／
／

5 　自己株式の取得、処分および消却に関する付随費用は、損益計算書の（営業外費用）に計上する。

【自己株式及び準備金の額の減少等に関する会計基準・14】　　重要度★★★

DATE
／
／
／

6 　自己株式処分差損は、（その他資本剰余金）から減額し、（その他資本剰余金）の残高が負の値となった場合には、（会計期間末）において、（その他資本剰余金）を零とし、当該負の値をその他利益剰余金から減額する。

【自己株式及び準備金の額の減少等に関する会計基準・10、12】　　重要度★★★

DATE
／
／
／

Questions
問題

以下の文章の（　）内に入る用語を考えなさい。

1

　募集事項において、社債と新株予約権がそれぞれ単独で存在し得ないことおよび新株予約権が付された社債を当該新株予約権行使時における出資の目的とすることをあらかじめ明確にしている新株予約権付社債であって、会社法の規定に基づき発行されたものを（転換社債型新株予約権付社債）という。

【払込資本を増加させる可能性のある部分を含む複合金融商品に関する会計処理・3】

重要度★☆☆

2

　貸借対照表の純資産の部の一会計期間における変動額のうち、主として、株主に帰属する部分である株主資本の各項目の変動事由を報告するために作成する財務諸表を、（株主資本等変動計算書）という。

【株主資本等変動計算書に関する会計基準・1】

重要度★★★

3

　株主資本等変動計算書において、貸借対照表の純資産の部における株主資本の各項目は、当期首残高、当期変動額および当期末残高に区分し、当期変動額は（変動事由）ごとにその金額を表示する。

【株主資本等変動計算書に関する会計基準・6】

重要度★★★

4 　株主資本等変動計算書において、貸借対照表の純資産の部における株主資本以外の各項目は、当期首残高、当期変動額および当期末残高に区分し、当期変動額は（純額）で表示する。ただし、当期変動額について主な変動事由ごとにその金額を表示（注記による開示を含む。）することができる。

【株主資本等変動計算書に関する会計基準・8】　　　　重要度★★★

Questions
問題

以下の文章について、下線部のいずれかに語句の誤りが存在するものがある。誤りがある場合には、その記号（a～c）およびそれに代わる適当な語句を考えなさい。誤りがない場合には、○印とする。

Check!
&
Check!

DATE
/
/
/

1 　株主からの払込資本の一部を資本金としなかったときに生じる貸方科目は、資本準備金a として処理され、新築積立金をその目的のために取崩した際に生じる貸方科目は、繰越利益剰余金b として処理する。また、欠損填補のために資本金を減額したときに、資本金減少額が欠損金の額を超過した場合に生じる貸方差額は、その他資本剰余金c として処理する。

記号	適当な語句
○	

【会社法第445条、会社計算規則第27条、第153条】　　重要度★★★

DATE
/
/
/

2 　自己株式を消却した場合には、消却手続きが完了a したときに、消却の対象となった自己株式の帳簿価額b をその他利益剰余金c から減額する。

記号	適当な語句
c	その他資本剰余金

【自己株式及び準備金の額の減少等に関する会計基準・11】　　重要度★★★

DATE
/
/
/

3 　自己株式については、資産として扱う考え方（資産説a）と資本の控除として扱う考え方（資本控除説b）があるが、我が国の会計基準は、資本控除説b によっている。したがって、自己株式の処分差益は、貸借対照表上、資本準備金c として表示される。

記号	適当な語句
c	その他資本剰余金

【自己株式及び準備金の額の減少等に関する会計基準・8、9、30】　重要度★★★

4 　貸借対照表の純資産の部は、株主資本と株主資本以外の各項目に区分されるが、株主資本は、さらに資本金、資本剰余金a および利益剰余金b に区分される。株主資本以外の各項目は、個別貸借対照表では、評価・換算差額等、株式引受権および新株予約権c に区分され、連結貸借対照表では、その他の包括利益累計額、株式引受権、新株予約権c および非支配株主持分に区分される。

記号	適当な語句
○	

【貸借対照表の純資産の部の表示に関する会計基準・4〜7、　　重要度 ★★★
　包括利益の表示に関する会計基準・16】

5 　株式会社が剰余金の配当をする場合には、当該剰余金の配当により減少する剰余金の額に 10 分の 1 a を乗じた額を資本準備金または利益準備金b として計上しなければならない。なお、剰余金の配当をする場合における準備金の積立は、資本金の 2 分の1 c の金額まで要求されている。

記号	適当な語句
c	4 分の 1

【会社法第 445 条、会社計算規則第 22 条】　　重要度 ★★★

6 　株主が資本剰余金の区分におけるその他資本剰余金の処分による配当を受けた場合、配当の対象となる有価証券が売買目的有価証券である場合は、配当受領額を受取配当金a として計上し、売買目的有価証券以外の有価証券である場合には、原則として配当受領額を配当の対象である有価証券の帳簿価額b から減額c する。

記号	適当な語句
○	

【その他資本剰余金の処分による配当を受けた株主の会計処理・3、4】　重要度 ★★☆

Questions
問題

以下の文章について、正しいものは○、誤っているものには×とし、×としたものは、その理由も考えなさい。

1 自己株式は、純資産の部の株主資本の区分に、自己株式として控除する形式で表示し、自己株式処分差益は、その他資本剰余金に計上するが、自己株式処分差損は、保守的思考によりその他資本剰余金から減額するのではなく、特別損失として計上する。

2 自己株式を処分し、その対価が自己株式の帳簿価額を上回る場合は、その差額は自己株式処分差益となり、資本準備金に計上する。一方、その対価が自己株式の帳簿価額を下回る場合は、その差額は自己株式処分差損となり、その他資本剰余金から減額する。

3 資本剰余金と利益剰余金の混同は禁止されているが、自己株式の処分や消却の会計処理を行った結果、その他資本剰余金が負の値になったときには、その都度、その他利益剰余金（繰越利益剰余金）から減額することができる。

4 新株予約権付社債を発行した際の会計処理は、転換社債型新株予約権付社債の場合には、一括法により、転換社債型新株予約権付社債以外の新株予約権付社債の場合には、区分法により会計処理が行われる。

1 ×

自己株式処分差損は、その他資本剰余金から減額する。

【自己株式及び準備金の額の減少等に関する会計基準・9、10】　重要度★★★

2 ×

自己株式処分差益は、その他資本剰余金に計上する。

【自己株式及び準備金の額の減少等に関する会計基準・9、10】

重要度★★★

3 ×

会計期間末において、その他資本剰余金を零とし、当該負の値をその他利益剰余金（繰越利益剰余金）から減額する。

【自己株式及び準備金の額の減少等に関する会計基準・12】　重要度★★★

4 ×

新株予約権付社債を発行した際の会計処理は、転換社債型新株予約権付社債の場合には、一括法または区分法により、転換社債型新株予約権付社債以外の新株予約権付社債の場合には、区分法による。

【払込資本を増加させる可能性のある部分を含む複合金融商品に関する会計処理・18、21】
重要度★★★

Questions
問題

　以下の文章について、正しいものは○、誤っているものには×とし、×としたものは、その理由も考えなさい。

1　転換社債型新株予約権付社債について一括法を採用している場合、権利行使されて新株を発行したときには、権利行使された部分に対応する社債の帳簿価額を資本金および資本準備金または利益準備金に振替える。

2　株式会社の資本金は、会社法に別段の定めがある場合を除き、設立または株式の発行に際して株主となる者が当該株式会社に対して払込みまたは給付をした財産の額とする。

3　剰余金の配当を行う場合、会社法に基づく減資手続きをとれば、資本金も配当の財源にすることができるが、配当計算上は、最低300万円の純資産を維持しなければならない。

4　自己株式の取得に関する付随費用は、他の有価証券の取得と同様に取得原価に算入する。

5　新株予約権の権利行使期間満了による権利の消滅は、資本剰余金の増加として処理される。

Check!
&
Check!

1 ✕

資本金および資本準備金または利益準備金ではなく、資本金または
資本金および資本準備金に振替える。

【払込資本を増加させる可能性のある部分を含む複合金融商品に関する会計処理・19（1）】
重要度★★☆

DATE
/
/
/

2 ◯

【会社法第445条】　　　　　　　　　　　　　　重要度★★★

DATE
/
/
/

3 ◯

【会社法第458条】　　　　　　　　　　　　　　重要度★★☆

DATE
/
/
/

4 ✕

自己株式の取得に関する付随費用は、営業外費用とする。

【自己株式及び準備金の額の減少等に関する会計基準・14】　　重要度★★★

DATE
/
/
/

5 ✕

新株予約権の権利の消滅は、利益として処理される。

【払込資本を増加させる可能性のある部分を含む複合金融商品に関する会計処理・6】
重要度★★★

DATE
/
/
/

Questions
問 題

以下の文章について、正しいものは○、誤っているものには×とし、×としたものは、その理由も考えなさい。

1 自己株式の処分差益は、資本剰余金であるため配当することはできない。

2 株主資本等変動計算書において、剰余金の配当は、その他利益剰余金の変動事由として記載しなければならない。

3 新株予約権を取得したときは、有価証券の取得として処理し、その後、権利を行使して発行者の株式を取得したときは、当該新株予約権の保有目的に応じて、売買目的有価証券の場合には権利行使時の時価により、その他有価証券の場合には帳簿価額により株式に振替える。

4 個別貸借対照表上、資本金および資本準備金の取崩しによって生じる剰余金や自己株式の処分差益などは、その他資本剰余金の区分に、その内訳を示す科目をもって表示する。

5 株主資本等変動計算書は、貸借対照表の純資産の部における株主資本および株主資本以外の各項目を、当期首残高、当期変動額および当期末残高に区分し、当期変動額は、原則として変動事由ごとにその金額を表示する。

6 自己株式を無償で取得した場合には、自己株式を時価で測定し、同額を利益として処理する。

Check!
&
Check!

1 ✕

自己株式の処分差益は、その他資本剰余金に該当するため、配当することができる。

【自己株式及び準備金の額の減少等に関する会計基準・9、会社法第446条、第453条】

重要度 ★ ★ ★

DATE
/
/
/

2 ✕

その他資本剰余金を財源とした場合は、その他資本剰余金の変動事由として記載する。

【株主資本等変動計算書に関する会計基準の適用指針・6（3）】 重要度 ★ ★ ☆

DATE
/
/
/

3 ◯

【払込資本を増加させる可能性のある部分を含む複合金融商品に関する会計処理・7、8】

重要度 ★ ☆ ☆

DATE
/
/
/

4 ✕

その他資本剰余金の内訳を示す表示は行わない。

【貸借対照表の純資産の部の表示に関する会計基準・6（1）、34】 重要度 ★ ★ ☆

DATE
/
/
/

5 ✕

株主資本以外の当期変動額は、原則として純額で表示する。

【株主資本等変動計算書に関する会計基準・6、8】 重要度 ★ ★ ★

DATE
/
/
/

6 ✕

自己株式を無償で取得した場合には、自己株式の数のみの増加として処理する。

【自己株式及び準備金の額の減少等に関する会計基準の適用指針・14】 重要度 ★ ★ ☆

DATE
/
/
/

Questions
問題

以下の各問いについて考えなさい。

記述問題 1

DATE
/
/
/

利益準備金は、留保利益であるから本来は分配可能と捉えることができるが、我が国の会社法において、維持拘束すべきものとされ、分配できない項目とされている。そこで、繰越利益剰余金を財源とした配当が行われる場合に、利益準備金を積立てることを会社法が要求している理由を述べなさい。

会社法においては、債権者保護ないし、資本充実の思考から、株主の払込額のみならず、利益の一部も社内に留めるよう求めている。

重要度★★☆

記述問題 2

Check!
&
Check!

DATE
/
/
/

自己株式や新株予約権は、ともに純資産の増減要因であるが、貸借対照表において、自己株式は株主資本の部に計上されるのに対し、新株予約権は独立して表示される理由を述べなさい。

自己株式の取得は株主との直接的な取引であり、資本の払戻しの性格を有していることから、株主資本の部に計上する。これに対して、新株予約権は株主とは異なる新株予約権者との直接的な取引によるものであるため、株主資本とは区別される。

重要度★★☆

記述問題 3

貸借対照表の純資産の部における、評価・換算差額等については、繰延税金資産または繰延税金負債の額を控除した金額を記載することとなっている理由を述べなさい。

　評価・換算差額等は、未だ当期純利益に含められていない項目であるが、売却などにより実現損益となる。この実現損益は損益計算書を経由して、税引後の金額が純資産の部に計上される。したがって、評価・換算差額等についても繰延税金資産または繰延税金負債を控除した税引後の金額を記載することとなる。

【貸借対照表の純資産の部の表示に関する会計基準・8】　　　　　重要度★★☆

Questions
問題

以下の文章の（　）内に入る用語を考えなさい。

DATE
/
/
/

1　ストック・オプションを付与し、これに応じて企業が従業員等から取得するサービスは、その取得に応じて（費用）として計上し、対応する金額を、ストック・オプションの権利の行使または失効が確定するまでの間、貸借対照表の純資産の部に（新株予約権）として計上する。

【ストック・オプション等に関する会計基準・4】　　　重要度★★★

DATE
/
/
/

2　ストック・オプションの公正な評価額は、（公正な評価単価）にストック・オプション数を乗じて算定する。

【ストック・オプション等に関する会計基準・5】　　　重要度★★★

DATE
/
/
/

3　ストック・オプションが権利行使され、これに対して新株を発行した場合には、（新株予約権）として計上した額のうち、当該権利行使に対応する部分を（払込資本）に振替える。

【ストック・オプション等に関する会計基準・8】　　　重要度★★★

122

4 ストック・オプション等に関する会計基準における「対象勤務期間」とは、ストック・オプションと報酬関係にあるサービスの提供期間であり、（付与日）から（権利確定日）までの期間をいう。

【ストック・オプション等に関する会計基準・2（9）】　重要度★★☆

5 ストック・オプション会計において、複数の権利確定条件が付されている場合には、権利確定日は次のように判定する。
（1）それらのうち、いずれか1つを満たせばストック・オプションの（権利）が確定する場合には、最も（早期）に達成される条件が満たされる日
（2）それらすべてを満たさなければストック・オプションの（権利）が確定しない場合には、達成に最も（長期）を要する条件が満たされる日

【ストック・オプション等に関する会計基準の適用指針・19】　重要度★★☆

Questions
問 題

以下の文章について、正しいものは○、誤っているものには×とし、×としたものは、その理由も考えなさい。

1 ストック・オプションを付与し、これに応じて企業が従業員等から取得するサービスは、その取得に応じて費用として計上し、対応する金額を、ストック・オプションの権利の行使または失効が確定するまでの間、貸借対照表の負債の部にストック・オプションとして計上する。

2 ストック・オプション会計における「失効」とは、ストック・オプションが付与されたものの、権利行使されないことが確定することをいい、権利行使期間中に行使されなかったことによる失効（権利不行使による失効）以外に失効することはない。

3 ストック・オプションの権利不行使による失効が生じた場合には、新株予約権として計上した額のうち、当該失効に対応する部分を利益として計上するが、この会計処理は当該権利確定日に行う。

4 ストック・オプションの各会計期間における費用計上額は、ストック・オプションの公正な評価額のうち、対象勤務期間を基礎とする方法その他の合理的な方法に基づき当期に発生したと認められる額として算定するが、権利確定条件が付されていない場合には、対象勤務期間はなく、付与日に一時に費用を計上する。

Check!
&
Check!

1 ✕

DATE
/
/
/

ストック・オプションの権利の行使または失効が確定するまでの間、貸借対照表の純資産の部に新株予約権として計上する。

【ストック・オプション等に関する会計基準・4】　　　重要度★★★

2 ✕

DATE
/
/
/

権利確定条件が達成されなかったことによる失効（権利不確定による失効）もある。

【ストック・オプション等に関する会計基準・2（13）】　　重要度★★☆

3 ✕

DATE
/
/
/

失効に対応する部分を利益として計上する会計処理は、当該失効が確定した期に行う。

【ストック・オプション等に関する会計基準・9】　　　重要度★★★

4 ○

DATE
/
/

【ストック・オプション等に関する会計基準の適用指針・17、18】　重要度★★☆

Questions
問題

以下の文章について、正しいものは○、誤っているものには×とし、×としたものは、その理由も考えなさい。

1 ストック・オプションの公正な評価単価を変動させる条件変更が生じた場合、条件変更日におけるストック・オプションの公正な評価単価が、付与日における公正な評価単価を上回る場合には、条件変更前から行われてきた、付与日におけるストック・オプションの公正な評価単価に基づく公正な評価額による費用計上を継続して行うことに加え、条件変更日におけるストック・オプションの公正な評価単価を上回る部分に見合う、ストック・オプションの公正な評価額の増加額につき、以後追加的に費用計上を行う。

2 ストック・オプションの公正な評価単価を変動させる条件変更が生じた場合、条件変更日におけるストック・オプションの公正な評価単価が付与日における公正な評価単価以下となる場合には、条件変更日以後において、条件変更後の公正な評価単価に基づく公正な評価額による費用の減額処理を行う。

Check!
&
Check!

1 ◯

【ストック・オプション等に関する会計基準・10（1）】　　　　　重要度★★☆

DATE
/
/
/

2 ✕

条件変更日以後においても、条件変更前から行われてきた、ストック・オプションの付与日における公正な評価単価に基づく公正な評価額による費用計上を継続する。

【ストック・オプション等に関する会計基準・10（2）】　　　　　重要度★★☆

DATE
/
/
/

Questions
問題

以下の文章の（　）内に入る用語を考えなさい。

1 　有価証券については、保有目的等の観点から（売買目的有価証券）、満期保有目的の債券、子会社株式および（関連会社株式）、（その他有価証券）に分類し、それぞれ貸借対照表価額および評価差額等の処理方法が異なる。

【金融商品に関する会計基準・15、16、17、18】　　　　　重要度★★★

2 　債権を債権金額より低い価額または高い価額で取得した場合において、取得価額と債権金額との差額の性格が金利の調整と認められるときは、（償却原価法）に基づいて算定された価額から貸倒見積高に基づいて算定された（貸倒引当金）を控除した金額を当該債権の貸借対照表価額としなければならない。

【金融商品に関する会計基準・14】　　　　　重要度★★★

3 　売買目的有価証券および一年内に満期の到来する社債その他の債券は（流動資産）に属するものとし、それ以外の有価証券は（投資その他の資産）に属するものとする。

【金融商品に関する会計基準・23】　　　　　重要度★★★

4 　ヘッジ会計とは、ヘッジ取引のうち一定の要件を充たすものについて、（ヘッジ対象）に係る損益と（ヘッジ手段）に係る損益とを同一の会計期間に認識し、ヘッジの効果を会計に反映させるための特殊な会計処理をいう。

【金融商品に関する会計基準・29】　　　　　　　　　重要度★★★

5 　ヘッジ会計は、（ヘッジ対象）が消滅したときに終了し、繰延べられているヘッジ手段に係る損益または評価差額は（当期の損益）として処理しなければならない。

【金融商品に関する会計基準・34】　　　　　　　　　重要度★★★

6 　満期保有目的の債券を（債券金額）より低い価額または高い価額で取得した場合において、取得価額と債券金額との差額の性格が（金利の調整）と認められるときは、（償却原価法）に基づいて算定された価額をもって貸借対照表価額としなければならない。

【金融商品に関する会計基準・16】　　　　　　　　　重要度★★★

Questions
問題

以下の文章について、下線部のいずれかに語句の誤りが存在するものがある。誤りがある場合には、その記号（a～c）およびそれに代わる適当な語句を考えなさい。誤りがない場合には、○印とする。

DATE
/
/
/

1　ヘッジ会計は、原則として繰延ヘッジ会計a が適用され、例外的に時価ヘッジ会計b が適用される。繰延ヘッジ会計が適用される場合には、ヘッジ手段に係る損益または評価差額をヘッジ対象に係る損益が認識されるまで資産または負債c の部において繰延べる。

記号	適当な語句
c	純資産

【金融商品に関する会計基準・32】　　　　　　　　　重要度★★★

DATE
/
/
/

2　金融負債がその消滅の認識要件を充たした場合には、当該金融負債の消滅を認識するとともに、帳簿価額a とその対価としての支払額b との差額を次期以降c の損益として処理する。

記号	適当な語句
c	当期

【金融商品に関する会計基準・11】　　　　　　　　　重要度★★★

DATE
/
/
/

3　満期保有目的の債券を時価a より低い価額または高い価額で取得した場合において、取得価額と時価a との差額の性格が金利の調整b と認められるときは、償却原価法c に基づいて算定した価額をもって貸借対照表価額としなければならない。

記号	適当な語句
a	債券金額

【金融商品に関する会計基準・16】　　　　　　　　　重要度★★★

4 市場価格のない株式等については、発行会社の<u>財政状態</u>a の悪化により<u>実質価額</u>b が著しく低下したときは、相当の減額をなし、評価差額は<u>当期の損失</u>c として処理しなければならない。

記号	適当な語句
○	

【金融商品に関する会計基準・21】　　　　　　　　　　　重要度★★★

5 デリバティブ取引により生じる正味の債権および債務の<u>時価</u>a の変動は、企業にとって<u>財務活動</u>b の成果であると考えられることから、その評価差額は、原則として、<u>当期の損益</u>c として処理する。

記号	適当な語句
○	

【金融商品に関する会計基準・25、88】　　　　　　　　　重要度★★★

6 社債を<u>社債金額</u>a よりも低い価額または高い価額で発行した場合など、収入に基づく金額と<u>債務額</u>b とが異なる場合には、<u>市場価額</u>c に基づいて算定された価額をもって、貸借対照表価額としなければならない。

記号	適当な語句
c	償却原価法

【金融商品に関する会計基準・26】　　　　　　　　　　　重要度★★★

Questions
問題

以下の文章について、正しいものは○、誤っているものには×とし、×としたものは、その理由も考えなさい。

1 デリバティブ取引により生じる正味の債権および債務は、時価をもって貸借対照表価額とし、評価差額は、原則として、純資産に記載し次期以降に繰延べる。

2 その他有価証券は、時価をもって貸借対照表価額とし、評価差額は切放方式に基づき、全部純資産直入法または部分純資産直入法のいずれかの方法により処理する。

3 転換社債型新株予約権付社債およびその他の新株予約権付社債の取得価額は、社債の対価部分と新株予約権の対価部分に区分した上で、社債の対価部分は普通社債の取得に準じて処理し、新株予約権の対価部分は新株予約権の取得者側の会計処理に準じて処理する。

4 その他有価証券は、時価をもって貸借対照表価額とし、評価差額は全部純資産直入法または部分純資産直入法によって処理するため、いずれの場合であっても時価が取得原価を上回る銘柄に係る評価差額は純資産の部に計上される。

1 ×

デリバティブ取引により生じる正味の債権および債務は、時価を
もって貸借対照表価額とし、評価差額は、原則として、当期の損益
として処理する。

【金融商品に関する会計基準・25】　　　　　　　　　　重要度★★★

2 ×

その他有価証券は、時価をもって貸借対照表価額とし、評価差額は
洗替方式に基づき、全部純資産直入法または部分純資産直入法のい
ずれかの方法により処理する。

【金融商品に関する会計基準・18】　　　　　　　　　　重要度★★★

3 ×

転換社債型新株予約権付社債の取得価額は、社債の対価部分と新株
予約権の対価部分に区別せず、普通社債の取得に準じて処理する。

【金融商品に関する会計基準・37】　　　　　　　　　　重要度★★☆

4 ○

【金融商品に関する会計基準・18】　　　　　　　　　　重要度★★★

Questions
問題

以下の文章について、正しいものは○、誤っているものには×とし、×としたものは、その理由も考えなさい。

1　社債を社債金額よりも低い価額または高い価額で発行した場合など、収入に基づく金額と債務額とが異なる場合には、償却原価法に基づいて算定された価額をもって、貸借対照表価額とし、当該増減額は、社債利息とは区別して処理する。

2　ヘッジ会計の要件が充たされなくなったときには、ヘッジ会計の要件が充たされていた間のヘッジ手段に係る損益または評価差額は、ヘッジ対象に係る損益が認識されるまで引続き繰延べる。

3　関連会社株式は、他企業への影響力の行使を目的として保有する株式であることから、子会社株式の場合と異なり、市場において形成されている取引価格をもって貸借対照表価額とする。

4　市場価格のない株式等については、発行会社の財政状態の悪化により実質価額が著しく低下したときは、相当の減額をなし、評価差額は当期の損失として処理しなければならないが、当該評価差額を翌期首に洗替処理し、原始取得原価とすることも認められる。

5　売買目的として保有している社債を満期保有目的の債券へ振替えることはできないが、その他有価証券として保有している社債を満期保有目的の債券へ振替えることは認められる。

1 ×

社債を社債金額よりも低い価額または高い価額で発行した場合など、収入に基づく金額と債務額とが異なる場合には、償却原価法に基づいて算定された価額をもって、貸借対照表価額とし、当該増減額は、社債利息として処理する。

【金融商品に関する会計基準・26、（注5）】　　　　　重要度★★☆

DATE
/
/
/

2 ○

【金融商品に関する会計基準・33】　　　　　重要度★★☆

DATE
/
/
/

3 ×

関連会社株式は、他企業への影響力の行使を目的として保有する株式であることから、子会社株式の場合と同じく取得原価をもって貸借対照表価額とする。

【金融商品に関する会計基準・74】　　　　　重要度★★☆

DATE
/
/
/

4 ×

市場価格のない株式等については、発行会社の財政状態の悪化により実質価額が著しく低下したときは、相当の減額をなし、評価差額は当期の損失として処理しなければならない。なお、当該実質価額を翌期首の取得原価とする。

【金融商品に関する会計基準・21、22】　　　　　重要度★★★

DATE
/
/
/

5 ×

満期保有目的の債券への分類はその取得当初の意図に基づくものであるので、取得後の満期保有目的の債券への振替えは認められない。

【金融商品会計に関する実務指針・82】　　　　　重要度★★☆

DATE
/
/
/

以下の文章について、正しいものは○、誤っているものには×とし、×としたものは、その理由も考えなさい。

1 　満期保有目的の債券、子会社株式および関連会社株式ならびにその他有価証券のうち、市場価格のない株式等以外のものについて時価が著しく下落したときは、ただちに帳簿価額を時価まで減額し、評価差額は当期の損失として処理しなければならない。

2 　金融商品に関する会計基準によれば、支払手形、買掛金、借入金その他の債務は、時価をもって貸借対照表価額とする。

3 　ヘッジ会計が適用されるヘッジ対象は、相場変動等による損失の可能性がある資産または負債で、当該資産または負債に係る相場変動等が評価に反映されていないもの、相場変動等が評価に反映されているが評価差額が損益として処理されないものもしくは当該資産または負債に係るキャッシュ・フローが固定されその変動が回避されるものである。

4 　発生記録により売掛金に関連して電子記録債権を発生させた場合には、電子記録債権を示す科目に振替える。

5 　売買目的有価証券は、原則として、当該有価証券の受取りによりその発生を認識し、引渡しによりその消滅を認識する。

Check!
&
Check!

1 ✕

満期保有目的の債券、子会社株式および関連会社株式ならびにその他有価証券のうち、市場価格のない株式等以外のものについて時価が著しく下落したときは、回復する見込があると認められる場合を除き、時価をもって貸借対照表価額とし、評価差額は当期の損失として処理しなければならない。

【金融商品に関する会計基準・20】　　　　　　　　　　重要度★★☆

DATE
/
/
/

2 ✕

支払手形、買掛金、借入金、社債その他の債務は、債務額をもって貸借対照表価額とする。

【金融商品に関する会計基準・26】　　　　　　　　　　重要度★★★

DATE
/
/
/

3 ◯

【金融商品に関する会計基準・30】　　　　　　　　　　重要度★★★

DATE
/
/
/

4 ◯

【電子記録債権に係る会計処理及び表示についての実務上の取扱い】　重要度★★☆

DATE
/
/
/

5 ✕

売買目的有価証券は、契約上の権利を生じさせる契約を締結したとき、原則として、当該有価証券の発生を認識し、権利に対する支配が他に移転したときなどに消滅を認識する。

【金融商品に関する会計基準・7、8】　　　　　　　　　重要度★★★

DATE
/
/
/

問題

以下の各問いについて考えなさい。

記述問題 1

Check!
&
Check!

DATE
/
/
/

その他有価証券の会計処理には、全部純資産直入法と部分純資産直入法が認められているが、それぞれの会計処理方法を述べなさい。

　全部純資産直入法とは、時価評価した際に生じる評価差額の合計額を純資産の部に計上する方法をいう。

　また、部分純資産直入法とは、時価が取得原価を上回る銘柄に係る評価差額は純資産の部に計上し、時価が取得原価を下回る銘柄に係る評価差額は当期の損失として処理する方法をいう。

【金融商品に関する会計基準・18】　　　　　　　　　　　重要度★★★

記述問題 2

金融負債の消滅に関する認識要件を３つあげなさい。

金融負債の契約上の義務を履行したとき
義務が消滅したとき
第一次債務者の地位から免責されたとき

【金融商品に関する会計基準・10】

DATE
/
/
/

重要度★★☆

Questions
問題

以下の文章の（ ）内に入る用語を考えなさい。

DATE
/
/
/

1 　在外支店における外貨建取引については、原則として、本店と同様に処理する。ただし、本店と異なる方法により換算することによって生じた換算差額は、当期の（為替差損益）として処理する。

【外貨建取引等会計処理基準・二 3】　　　　　　　　重要度★★★

DATE
/
/
/

2 　決算時における換算によって生じた換算差額は、原則として、当期の為替差損益として処理し、損益計算書上、為替差益または為替差損として（営業外収益）または（営業外費用）に記載する。

重要度★★★

DATE
/
/
/

3 　在外子会社等の財務諸表項目の換算によって生じた換算差額については、（為替換算調整勘定）として貸借対照表の（純資産）の部に記載する。

【外貨建取引等会計処理基準・三 4】　　　　　　　　重要度★★★

4 　外貨建金銭債権債務に為替予約を付した場合の会計処理には、独立処理と振当処理があるが、直直差額と直先差額のうち（直先差額）を期間配分する処理方法は、（振当処理）である。

【外貨建取引等会計処理基準注解・注 7】　　　　　　重要度★★★

5 　決算時の直物為替相場としては、決算日の直物為替相場のほか、決算日の（前後一定期間）の直物為替相場に基づいて算出された（平均相場）を用いることができる。

【外貨建取引等会計処理基準注解・注 8】　　　　　　重要度★★☆

6 　満期日が決算日の翌日から起算して 1 年を超えて到来する外貨建定期預金については、（決算）時の為替相場により円換算し、残存耐用年数が 1 年を超える外貨建有形固定資産については、（取得）時の為替相場により円換算する。

【外貨建取引等会計処理基準・一 1、一 2（1）②】　　　　　　重要度★★☆

Questions
問 題

Check!
&
Check!

以下の文章の（　）内に入る用語を考えなさい。

DATE
/
/
/

1　　外貨建売買目的有価証券の決算時の円換算については、外国通貨による時価を（決算）時の為替相場により円換算した額を付し、時価評価に係る評価差額に含まれる換算差額は、（評価損益）として処理する。

【外貨建取引等会計処理基準・一2（1）③ロ、一2（2）】　重要度★★★

DATE
/
/
/

2　　外貨建債券について償却原価法を適用する場合には、外国通貨による償却額を（期中平均相場）により円換算した額を有価証券利息とし、償却原価を（決算時）の為替相場により円換算した額を貸借対照表価額とする。なお、満期保有目的の外貨建債券の帳簿価額と貸借対照表価額との差額のうち、有価証券利息を除き、（為替差損益）として処理する。

【外貨建取引等会計処理基準・一2（1）③イ、一2（2）、同注解・注9】
重要度★★★

DATE
/
/
/

3　　外貨建関連会社株式の決算時の円換算については、（取得時）の為替相場による円換算額を付する。

【外貨建取引等会計処理基準・一2（1）③ハ】　　重要度★★★

142

4 外貨建取引に係る金銭債権債務に為替予約を締結している場合の会計処理については、その適用条件により、「デリバティブ取引の原則的会計処理」、「ヘッジ会計」、「(振当) 方式」の選択適用が認められている。

【外貨建取引等会計処理基準注解・注 6、注 7】　　　　　重要度 ★★☆

5 外国通貨、外貨建金銭債権債務、外貨建有価証券以外のデリバティブ取引によって生じる外貨建ての金融商品の時価評価においては、外国通貨による (時価) を (決算) 時の為替相場により円換算する。

【外貨建取引等会計処理基準・一 2 (1) ④】　　　　　重要度 ★★★

6 外貨建金銭債権債務については、外貨額では (時価の変動) リスクを負わず、したがって時価評価の対象とならないものであっても、円貨額では (為替相場の変動) リスクを負っていることを重視し、原則として (決算) 時の為替相場により換算する。

【外貨建取引等会計処理基準の改訂に関する意見書・二 1 (1)】
　　　　　重要度 ★★☆

143

Questions
問題

以下の文章について、下線部のいずれかに語句の誤りが存在するものがある。誤りがある場合には、その記号（a～c）およびそれに代わる適当な語句を考えなさい。誤りがない場合には、○印とする。

Check!
&
Check!

DATE
/
/
/

1 為替相場の変動による影響額a には、決算時における換算によって生じる換算差額と決済によって生じる決済損益がある。前者は決済されるまでの暫定的な影響額であるため、貸借対照表の純資産b に記載され、後者は確定的な影響額であるため、損益計算書の営業外損益c に記載される。

記号	適当な語句
b	損益計算書の営業外損益

重要度 ★★☆

DATE
/
/
/

2 外貨建金銭債権債務および外貨建債券a について償却原価法b を適用する場合における償却額は、外国通貨による償却額を決算時の為替相場c により円換算した額による。

記号	適当な語句
c	期中平均相場

【外貨建取引等会計処理基準注解・注9】 重要度 ★★★

DATE
/
/
/

3 取引発生時の為替相場としては、取引が発生した日における直物為替相場a のほか、取引の行われた月b または週の前月または前週c の直物為替相場を平均したもの等、直近の一定期間の直物為替相場に基づいて算出されたものが含まれる。

記号	適当な語句
○	

【外貨建取引等会計処理基準注解・注2】 重要度 ★★☆

4 外貨建有価証券の決算時の円換算に用いる為替相場は、満期保有目的の債券については、<u>取得時の為替相場a</u> による円換算額を付し、売買目的有価証券およびその他有価証券については、外国通貨による時価を<u>決算時の為替相場b</u> により円換算した額を付する。なお、子会社株式および関連会社株式については、<u>取得時の為替相場c</u> による円換算額を付する。

記号	適当な語句
a	決算時の為替相場

【外貨建取引等会計処理基準・一2（1）】　　　重要度★★★

5 在外支店の<u>財務諸表項目a</u> の換算にあたって、在外支店における外貨建取引については、原則として、<u>本店と同様b</u> に処理する。ただし、本店と異なる方法により換算することによって生じた換算差額は、当期の<u>為替換算調整勘定c</u> として処理する。

記号	適当な語句
c	為替差損益

【外貨建取引等会計処理基準・二】　　　重要度★★★

6 <u>在外子会社a</u> の財務諸表項目の換算にあたって、親会社による株式の取得時における純資産に属する項目については、<u>株式取得時の為替相場b</u> による円換算額を付する。また、親会社による株式の取得後に生じた純資産に属する項目については、当該項目の<u>発生時の為替相場c</u> による円換算額を付する。

記号	適当な語句
○	

【外貨建取引等会計処理基準・三2】　　　重要度★★★

Questions
問題

以下の文章について、正しいものは○、誤っているものには×とし、×としたものは、その理由も考えなさい。

1 連結財務諸表を作成する場合、外国にある子会社の外国通貨で表示されている財務諸表項目の換算について、資産および負債については、決算時の為替相場による円換算額を付し、収益および費用についても、原則として決算時の為替相場による円換算額を付する。

2 外貨建その他有価証券について償却原価法を適用する場合における償却額は、外国通貨による償却額を決算時の為替相場により円換算した額による。

3 外貨建取引については、取引発生時に円換算することが要求されるが、当該取引発生時の外国通貨により記録することが合理的であると認められる場合には、取引発生時の外国通貨の額をもって記録する方法を採用することができる。

4 外貨建金銭債権債務等に係る為替予約等の振当処理においては、当該金銭債権債務等の取得時または発生時の為替相場による円換算額と為替予約等による円貨額との差額のうち、予約等の締結時までに生じている為替相場の変動による額（直直差額）は予約日の属する期から決済日の属する期までの期間にわたって合理的な方法により配分し、残額（直先差額）は予約日の属する期の損益として処理する。

Check!
&
Check!

1 ✕

連結財務諸表を作成する場合、外国にある子会社の外国通貨で表示
されている財務諸表項目の換算について、収益および費用について
は、原則として期中平均相場による円換算額を付する。

【外貨建取引等会計処理基準・三３】 重要度★★★

DATE
/
/
/

2 ✕

外貨建その他有価証券について償却原価法を適用する場合における
償却額は、外国通貨による償却額を期中平均相場により円換算した
額による。

【外貨建取引等会計処理基準注解・注９】 重要度★★★

DATE
/
/
/

3 ◯

【外貨建取引等会計処理基準注解・注３】 重要度★★☆

DATE
/
/
/

4 ✕

外貨建金銭債権債務等に係る為替予約等の振当処理においては、為
替予約等による円貨額との差額のうち、予約等の締結時までに生じ
ている為替相場の変動による額（直直差額）は予約日の属する期の
損益として処理し、残額（直先差額）は予約日の属する期から決済
日の属する期までの期間にわたって合理的な方法により配分し、各
期の損益として処理する。

【外貨建取引等会計処理基準注解・注７】 重要度★★★

Questions
問題

 以下の文章について、正しいものは○、誤っているものには×とし、×としたものは、その理由も考えなさい。

1　外貨建売掛金の決算時における換算により生じた費用または損失については、債権の回収不能に準じて貸倒損失等として処理することも認められる。

2　在外支店における外貨建取引については、原則として、本店と同様に処理する。したがって、本支店合併財務諸表を作成する場合には、支店の収益および費用（収益性負債の収益化額および費用性資産の費用化額を除く。）は、原則として、当該取引発生時の為替相場により換算するが、決算時の為替相場によることもできる。

3　在外子会社の財務諸表項目の換算では、資産・負債の換算に用いる為替相場と純資産の換算に用いる為替相場が異なるため、その差額を為替差損益として調整（吸収）することになる。

4　外貨建売掛金・買掛金等から生じる為替差損益は、営業外収益または営業外費用となる。

5　外貨建取引は、原則として、当該取引発生時の為替相場による円換算額をもって記録する。したがって、外貨建取引に係る金銭債権債務と為替予約等との関係が「ヘッジ会計の要件」を充たしている場合であっても、当該取引発生時の為替相場による円換算額をもって記録する。

Check!
&
Check!

1 ×

決算時における換算によって生じた換算差額は、原則として、当期
の為替差損益として処理する。

【外貨建取引等会計処理基準・一 2（2）】　　　　重要度★★☆

DATE
/
/
/

2 ×

収益および費用（収益性負債の収益化額および費用性資産の費用化
額を除く。）の換算については、期中平均相場によることができる。

【外貨建取引等会計処理基準・二 1】　　　　重要度★★★

DATE
/
/
/

3 ×

換算によって生じた換算差額については、為替換算調整勘定として
貸借対照表の純資産の部に記載する。

【外貨建取引等会計処理基準・三 4】　　　　重要度★★★

DATE
/
/
/

4 ○

　　　　　　　　　　　　　　　　　　　　　　重要度★★★

DATE
/
/
/

5 ×

ヘッジ会計を適用する場合には、振当処理が認められているため、
外貨建取引および金銭債権債務等を為替予約等により確定する決済
時における円貨額をもって記録することができる。

【外貨建取引等会計処理基準注解・注 6】　　　　重要度★★☆

DATE
/
/
/

Questions
問題

以下の文章について、正しいものは○、誤っているものには×とし、×としたものは、その理由も考えなさい。

1 　有価証券の時価の著しい下落または実質価額の著しい低下により、決算時の為替相場による換算を行ったことによって生じた換算差額は、当期の為替差損として処理する。

2 　売買目的有価証券については、外国通貨による時価を決算時の為替相場により円換算した額を付する。外国通貨による時価を決算時の為替相場で換算した金額のうち、外国通貨による時価の変動に係る換算差額を評価差額とし、それ以外の換算差額については為替差損益として処理する。

3 　外貨建ての短期金銭債権・債務を円貨に換算する場合には、二取引基準により、外貨建ての長期金銭債権・債務を円貨に換算する場合には、一取引基準による。

Check!
&
Check!

1 ✕

DATE
/
/
/

有価証券の時価の著しい下落または実質価額の著しい低下により、決算時の為替相場による換算を行ったことによって生じた換算差額は、当期の有価証券の評価損として処理する。

【外貨建取引等会計処理基準・一 2（2）】　　　　　重要度 ★ ★ ★

2 ✕

DATE
/
/
/

売買目的有価証券については、外国通貨による時価を決算時の為替相場により円換算した額を付する。これにより生じた評価差額は、当期の損益として処理する。

【外貨建取引等会計処理基準・一 2（1）③ロ、（2）、金融商品に関する会計基準・1 5】
重要度 ★ ★ ★

3 ✕

DATE
/
/
/

長期金銭債権・債務の場合にも、二取引基準で行う。

【外貨建取引等会計処理基準の設定について・二 1（2）、（3）】　　重要度 ★ ☆ ☆

以下の各問いについて考えなさい。

記述問題 1

決算時の外貨換算に際して、いかなる為替相場を選択・適用すべきかにおいて、テンポラル法という考え方がある。このテンポラル法とは、いかなる為替相場を選択・適用する考え方か述べなさい。

　テンポラル法は属性法ともよばれ、外貨で測定されている属性を換算後も維持するという考え方を取入れたものである。したがって、過去の価額で表示されている項目については取得時または発生時の為替相場により換算し、現在の価額が表示されている項目については決算時の為替相場により換算する方法である。

重要度★☆☆

記述問題 2

在外支店の当期純損益は、貸借対照表項目をすべて換算した後の貸借差額として求めることになるため、在外支店の外貨による財務諸表上は利益が計上されているにもかかわらず、円貨に換算することによって損失が生じるなどの問題が生じる場合がある。このような換算上の問題点を何というか答えなさい。

Check!
&
Check!

DATE
/
/
/

換算のパラドックス

重要度★☆☆

Questions
問題

Check!
&
Check!

以下の文章の（　）内に入る用語を考えなさい。

DATE
/
/
/

1　税効果会計の方法には（繰延法）と（資産負債法）とがあるが、（繰延税金資産）について、将来の支払税金を減額する効果があるかどうか、すなわち、将来の回収の見込みについて毎期見直しを行うのは、後者の方法による考え方である。

【税効果会計に係る会計基準の設定に関する意見書・三 3】　　重要度★★★

DATE
/
/
/

2　（将来減算）一時差異または税務上の繰越欠損金等が、将来の税金負担額を軽減する効果を有していると見込まれる場合には、繰延税金資産の（回収可能性）があると判断される。

【繰延税金資産の回収可能性に関する適用指針・6】　　重要度★★☆

DATE
/
/
/

3　一時差異には、当該一時差異が解消するときにその期の課税所得を減額する効果を持つ（将来減算）一時差異と、当該一時差異が解消するときにその期の課税所得を増額する効果を持つ（将来加算）一時差異とがある。

【税効果会計に係る会計基準第二・一 3】　　重要度★★★

4 （将来減算）一時差異は、例えば、貸倒引当金、退職給付引当金等の引当金の損金算入限度超過額、（減価償却費）の損金算入限度超過額、損金に算入されない（棚卸資産）等に係る評価損等がある。

【税効果会計に係る会計基準注解（注 2）】 　　　　重要度★★☆

5 国庫補助金等で取得した固定資産の取得原価から国庫補助金等に相当する金額を控除した金額を基礎として減価償却を行う方法を（圧縮記帳）という。この方法には、（直接減額方式）と（積立金方式）があるが、後者の場合には、会計上の簿価と税務上の簿価との間に差額が生じ、この差額が（将来加算）一時差異となる。

【税効果会計に係る会計基準の適用指針・15】 　　　重要度★★☆

6 税務上の繰越欠損金は、その発生年度の翌期以降に課税所得が生じた場合には、課税所得を（減額）することができる。その結果、課税所得が生じた年度の法人税等として納付すべき額は、税務上の繰越欠損金が存在しない場合に比べて軽減される。このため税務上の繰越欠損金は、（一時差異）ではないが、これに準ずるものとして貸借対照表上、（繰延税金資産）を計上する。

【税効果会計に係る会計基準の適用指針・4 (3)、76】

重要度★★☆

Questions
問題

以下の文章の（　）内に入る用語を考えなさい。

DATE
/
/
/

1　　一時差異とは、貸借対照表に計上されている資産および負債の金額と課税所得計算上の資産および負債の金額との差額をいう。具体的には、（収益または費用）の帰属年度の相違から生ずる差額や（資産または負債）の評価替えにより生じた評価差額が直接（純資産）の部に計上され、かつ、課税所得の計算に含まれていない場合の当該差額がある。

【税効果会計に係る会計基準第二・一 2】　　　　　重要度★★★

DATE
/
/
/

2　　繰延法とは、会計上の（収益または費用）の金額と税務上の（益金または損金）の額に相違がある場合、その相違項目のうち、損益の（期間帰属）の相違に基づく差異について、発生した年度の当該差異に対する税金軽減額または税金負担額を差異が解消する年度まで貸借対照表上、（繰延税金資産）または（繰延税金負債）として計上する方法である。

【税効果会計に係る会計基準の適用指針・89（2）】　　　　　重要度★★★

DATE
/
/
/

3　　資産負債法とは、会計上の（資産または負債）の金額と税務上の（資産または負債）の金額との間に差異があり、当該差異が（解消）されるときに、税金を減額または増額させる効果がある場合に、当該差異の発生年度にそれに対する（繰延税金資産）または（繰延税金負債）を計上する方法である。

【税効果会計に係る会計基準の適用指針・89（1）】　　　　　重要度★★★

4　　一時差異等に係る税金の額は、将来の会計期間において（回収）または（支払）が見込まれない税金の額を除き、繰延税金資産または繰延税金負債として計上しなければならない。ただし、（重要性）が乏しい一時差異等については、繰延税金資産および繰延税金負債を計上しないことができる。

【税効果会計に係る会計基準第二・二 1、同注解（注 4）】　　重要度★★☆

DATE
/
/
/

5　　繰延税金資産については、将来の支払税金を（減額）する効果があるかどうか、すなわち、将来の（回収）の見込みについて毎期（見直し）を行うものとする。

【税効果会計に係る会計基準の設定に関する意見書・三 3】　　重要度★★☆

DATE
/
/
/

6　　資本連結に際し、子会社の資産および負債の時価評価により評価益が生じた場合および連結会社相互間の取引から生ずる未実現利益を消去した場合には、連結財務諸表固有の（一時差異）が発生するが、連結貸借対照表上、前者には（繰延税金負債）が、後者には（繰延税金資産）が計上される。

【税効果会計に係る会計基準の適用指針・18、34】

重要度★★☆

DATE
/
/
/

Questions
問題

以下の文章について、下線部のいずれかに語句の誤りが存在するものがある。誤りがある場合には、その記号（a〜c）およびそれに代わる適当な語句を考えなさい。誤りがない場合には、○印とする。

Check!
&
Check!

DATE
／
／
／

1 繰延税金資産および繰延税金負債の計算に使われる法定実効税率は、法人税a、住民税b、および事業税c の税率を加味して計算される。

記号	適当な語句
○	

【税効果会計に係る会計基準の適用指針・4（11）】　　　　重要度★★☆

DATE
／
／
／

2 繰延税金資産の回収可能性は、収益力に基づく一時差異等加減算前課税所得a、タックス・プランニングに基づく一時差異等加減算前課税所得b、将来減算一時差異c に基づいて、将来の税金負担額を軽減する効果を有するかどうかを判断する。

記号	適当な語句
c	将来加算一時差異

【繰延税金資産の回収可能性に関する適用指針・6】　　　　重要度★★☆

DATE
／
／
／

3 資産の評価替えにより生じた評価差額が直接純資産の部に計上される場合において、法人税等について税率の変更があったこと等により繰延税金資産a および繰延税金負債b の金額を修正した場合には、修正差額を法人税等調整額c に加減して処理するものとする。

記号	適当な語句
c	評価差額

【税効果会計に係る会計基準注解（注7）】　　　　重要度★★☆

Check!
&
Check!

4　税務上の<u>交際費a</u>の損金算入限度超過額、<u>受取配当金b</u>の益金不算入額のように、税引前当期純利益の計算において、費用または収益として計上されるが、課税所得の計算上は、永久に損金または益金に算入されない項目がある。これらの項目から生じる差異を<u>永久差異c</u>といい、当該差異は、税効果会計の対象とはならない。

DATE
／
／
／

記号	適当な語句
○	

【税効果会計に係る会計基準の適用指針・77】　　　　　重要度★★★

5　繰延税金資産は、将来の法人税等の支払額を減額する効果を有し、一般的には法人税等の<u>前払額a</u>に相当する。また、繰延税金負債は、将来の法人税等の支払額を増額する効果を有し、法人税等の<u>未払額b</u>に相当する。なお、繰延税金資産と繰延税金負債の差額を期首と期末で比較した増減額は、当期に納付すべき<u>未払法人税等c</u>として計上する。

DATE
／
／
／

記号	適当な語句
c	法人税等の調整額

【税効果会計に係る会計基準の設定に関する意見書・二2、三4】　　重要度★★★

6　資本連結に際して生じる、<u>のれんまたは負ののれんa</u>については、子会社における個別貸借対照表上の簿価は存在しないから<u>永久差異b</u>が生ずるが、これについて繰延税金負債または繰延税金資産を<u>計上しないc</u>。

DATE
／
／
／

記号	適当な語句
b	一時差異

【税効果会計に係る会計基準の適用指針・43、145】　　　重要度★★☆

Questions
問題

以下の文章について、正しいものは○、誤っているものには×とし、×としたものは、その理由も考えなさい。

1 法人税等には、法人税のほか、都道府県民税、市町村民税および利益に関連する金額を課税標準とする事業税が含まれる。

2 繰延税金資産は、繰延資産と同様に、本来費用とすべき法人税等を経過的に貸借対照表に計上しているにすぎないため、資産としての性格を有するものではない。

3 繰延税金資産または繰延税金負債の金額は、回収または支払いが行われると見込まれる期の税率に基づいて計算されるため、回収または支払いが行われると見込まれる期が異なる繰延税金資産と繰延税金負債がある場合には、これらを相殺して表示することはできない。

4 繰延税金資産の発生原因別の主な内訳として税務上の繰越欠損金を記載している場合であって、当該税務上の繰越欠損金の額が重要であるときは、繰延税金資産から控除された額（評価性引当額）は、税務上の繰越欠損金に係る評価性引当額と将来減算一時差異等の合計に係る評価性引当額に区分して記載する。

1 ○

【税効果会計に係る会計基準注解（注１）】　　　　　　　　　　重要度 ★★☆

2 ✕

> 繰延税金資産は、将来の法人税等の支払額を減額する効果を有し、一般的には法人税等の前払額に相当するため、資産としての性格を有する。

【税効果会計に係る会計基準の設定に関する意見書・二２】　　　重要度 ★★★

3 ✕

> 回収または支払いが行われると見込まれる期が異なる繰延税金資産と繰延税金負債がある場合であっても、それぞれ相殺して表示する。

【税効果会計に係る会計基準第二・二２、第三・２】　　　　　　重要度 ★★☆

4 ○

【税効果会計に係る会計基準の一部改正・４】　　　　　　　　　重要度 ★★☆

15 ◆ 税効果会計⑤

問題

以下の文章について、正しいものは○、誤っているものには×とし、×としたものは、その理由も考えなさい。

1 　繰延税金資産および繰延税金負債は、これらに関連した資産・負債の分類にもとづいて、繰延税金資産は流動資産または投資その他の資産として、繰延税金負債については流動負債または固定負債として表示しなければならない。

2 　資産負債法によれば、法人税等について税率の変更があった場合には、過年度に計上された繰延税金資産および繰延税金負債を新たな税率に基づき再計算する必要はない。

3 　税効果会計は、企業会計上の法人税等を控除する前の当期純利益と税務上の課税所得の額に相違がある場合において、法人税等の額を適切に期間配分することにより、法人税等を控除する前の当期純利益と法人税等を合理的に対応させることを目的とする手続きである。

4 　法人税等については、期間差異に係る税金の額のみを適切な会計期間に配分し、計上しなければならない。

1 ×

繰延税金資産は投資その他の資産の区分に表示し、繰延税金負債は
固定負債の区分に表示する。

【税効果会計に係る会計基準の一部改正・2】 　　　　　　重要度★★★

2 ×

資産負債法によれば、法人税等について税率の変更があった場合に
は、過年度に計上された繰延税金資産および繰延税金負債を新たな
税率に基づき再計算するものとする。

【税効果会計に係る会計基準注解（注6）】 　　　　　　重要度★★☆

3 ×

税効果会計は、企業会計上の資産または負債の額と課税所得計算上
の資産または負債の額に相違がある場合において、法人税等の額を
適切に期間配分することにより、法人税等を控除する前の当期純利
益と法人税等を合理的に対応させることを目的とする手続きであ
る。

【税効果会計に係る会計基準第一】 　　　　　　重要度★★★

4 ×

法人税等については、一時差異に係る税金の額を適切な会計期間に
配分し、計上しなければならない。

【税効果会計に係る会計基準第二・一1】 　　　　　　重要度★★☆

Questions
問題

以下の文章について、正しいものは○、誤っているものには×とし、×としたものは、その理由も考えなさい。

1 当期の法人税等として納付すべき額および法人税等調整額は、原則として法人税等を控除する前の当期純利益から控除する形式により、それぞれ区分して表示しなければならないが、例外的に当期の法人税等として納付すべき額から法人税等調整額を加減し、その純額により表示することも認められる。

2 繰延税金資産または繰延税金負債の金額は、回収または支払いが行われると見込まれる期の税率に基づいて計算する。

3 損益計算書に記載される法人税等調整額は、資産の評価替えにより生じた評価差額が直接純資産の部に計上される場合の繰延税金資産と繰延税金負債を含め、繰延税金資産と繰延税金負債の差額を期首と期末で比較した増減額とする。

4 連結財務諸表を作成するにあたり、親会社および子会社にそれぞれ繰延税金資産と繰延税金負債がある場合には、それらは相殺して表示する。

Check!
&
Check!

1 ✕

当期の法人税等として納付すべき額および法人税等調整額は、法人税等を控除する前の当期純利益から控除する形式により、それぞれ区分して表示しなければならない。

【税効果会計に係る会計基準第三・3】　　　重要度★★★

DATE
/
/
/
Check!
&
Check!

2 ◯

【税効果会計に係る会計基準第二・二2】　　　重要度★★☆

DATE
/
/
/

3 ✕

繰延税金資産と繰延税金負債の差額を期首と期末で比較した増減額は、当期に納付すべき法人税等の調整額として計上しなければならないが、資産の評価替えにより生じた評価差額が直接純資産の部に計上される場合には、当該評価差額に係る繰延税金資産または繰延税金負債を当該評価差額から控除して計上する。

【税効果会計に係る会計基準第二・二3】　　　重要度★★☆

DATE
/
/
/

4 ✕

異なる納税主体の繰延税金資産と繰延税金負債は、双方を相殺せずに表示する。

【税効果会計に係る会計基準の一部改正・2】　　　重要度★★☆

DATE
/
/
/

問題

以下の各問いについて考えなさい。

記述問題 1

Check!
&
Check!

DATE
/
/
/

下記の図は、資産負債法と繰延法についてまとめたものである。
空欄A〜Cに当てはまる語句を考えなさい。

	資産負債法	繰延法
対象となる差異	A	期間差異
適用税率	差異解消見込年度の税率	B
税率変更時	C	繰延税金資産・負債の再計算は行わない

A	一時差異
B	差異発生年度の税率
C	新たな税率に基づき、繰延税金資産・負債を再計算する

【税効果会計に係る会計基準注解（注6）、適用指針・89】　　　　　重要度★★☆

Questions
問題

以下の文章の（　）内に入る用語を考えなさい。

1　親会社は、原則としてすべての（子会社）を連結の範囲に含める。

【連結財務諸表に関する会計基準・13】　　　　　　　重要度★★★

2　支配獲得日において算定した子会社の資本のうち親会社に帰属する部分を（投資）と相殺消去し、支配獲得日後に生じた子会社の利益剰余金および評価・換算差額等のうち親会社に帰属する部分は、利益剰余金および評価・換算差額等として処理する。ただし、支配獲得日後に生じた子会社の利益剰余金および評価・換算差額等のうち非支配株主に帰属する部分は、（非支配株主持分）として処理する。

【連結財務諸表に関する会計基準（注6）、（注7）（2）】　　重要度★★★

3　連結会社相互間の取引によって取得した棚卸資産、固定資産その他の資産に含まれる（未実現損益）は、その全額を消去する。

【連結財務諸表に関する会計基準・36】　　　　　　　重要度★★★

4 　持分法とは、投資会社が被投資会社の（資本）および（損益）のうち投資会社に帰属する部分の変動に応じて、その投資の額を（連結決算日）ごとに修正する方法をいう。

【持分法に関する会計基準・4】　　　　　　　　　重要度★★★

5 　連結財務諸表上、持分法による投資損益は、（営業外収益）または（営業外費用）の区分に（一括）して表示する。

【持分法に関する会計基準・16】　　　　　　　　重要度★★★

6 　連結財務諸表の作成にあたって、時価評価する子会社の資産および負債の範囲については、非支配株主持分に相当する部分を含めてすべてを時価評価する（全面時価評価法）によるが、持分法適用関連会社については、投資会社の持分に相当する部分に限定する（部分時価評価法）により、原則として投資日ごとに当該日における時価によって評価する。

【持分法に関する会計基準・26−2】　　　　　　重要度★★★

Questions
問題

以下の文章の（　）内に入る用語を考えなさい。

DATE
／
／
／

1 　非連結子会社や（関連会社）の経営成績および財政状態のうち、連結財務諸表作成会社に属する部分のみを連結損益計算書および連結貸借対照表に反映させる方法を（持分法）という。

【持分法に関する会計基準・4、6】　　　　　　　　重要度★★★

DATE
／
／
／

2 　（連結財務諸表）は、企業集団に属する親会社および子会社が一般に公正妥当と認められる企業会計の基準に準拠して作成した（個別財務諸表）を基礎として作成しなければならない。

【連結財務諸表に関する会計基準・10】　　　　　　重要度★★★

DATE
／
／
／

3 　親会社の子会社に対する投資と相殺消去の対象となる子会社の資本は、子会社の個別貸借対照表上の純資産の部における（株主資本）および（評価・換算差額等）と（評価差額）である。

【連結財務諸表に関する会計基準・23】　　　　　　重要度★★★

4 　親会社と子会社の支配関係が継続することを前提に子会社株式を一部売却した場合には、売却した株式に対応する持分を親会社の持分から減額し、（非支配株主持分）を増額する。売却による親会社の持分の減少額と（売却価額）との間に生じた差額は、（資本剰余金）とする。

【連結財務諸表に関する会計基準・29】　　　　　　　重要度★★★

DATE
/
/
/

5 　連結貸借対照表上、資本剰余金が負の値となる場合には、（連結会計年度末）において、資本剰余金を零とし、当該負の値を（利益剰余金）から減額する。

【連結財務諸表に関する会計基準・30-2】　　　　　重要度★★★

DATE
/
/
/

6 　連結財務諸表において、2 計算書方式の場合は、当期純利益に（非支配株主）に帰属する当期純利益を加減して、（親会社株主）に帰属する当期純利益を表示する。また、1 計算書方式の場合は、当期純利益の直後に親会社株主に帰属する（当期純利益）および非支配株主に帰属する（当期純利益）を付記する。

【連結財務諸表に関する会計基準・39（3）③】　　　重要度★★★

DATE
/
/
/

Questions
問題

以下の文章について、下線部のいずれかに語句の誤りが存在するものがある。誤りがある場合には、その記号（a～c）およびそれに代わる適当な語句を考えなさい。誤りがない場合には、○印とする。

DATE
/
/
/

1 投資会社が被投資会社の純資産および損益のうち投資会社に帰属する部分の変動に応じて、その投資の額を連結決算日ごとに修正する方法を持分法a という。この場合、被投資会社の純資産および損益に対する投資会社の持分相当額を、原則として、貸借対照表上では投資有価証券b を修正し、損益計算書上では持分法による投資損益c によって連結財務諸表に反映させる。

記号	適当な語句
○	

【持分法に関する会計基準・4、持分法会計に関する実務指針・2】　重要度 ★★★

DATE
/
/
/

2 連結財務諸表は、取引a 関係にある２つ以上の企業からなる集団（企業集団）を単一b の組織体とみなして、親会社c が当該企業集団の財政状態、経営成績およびキャッシュ・フローの状況を総合的に報告するために作成するものである。

記号	適当な語句
a	支配従属

【連結財務諸表に関する会計基準・1】　重要度 ★★★

DATE
/
/
/

3 連結財務諸表に関する会計基準では、真実性の原則、継続性の原則a、明瞭性の原則b、重要性の原則c の４つを一般原則として掲げている。

記号	適当な語句
c	個別財務諸表基準性の原則

【連結財務諸表に関する会計基準・9、10、11、12】　重要度 ★★★

4 連結財務諸表の作成にあたって、支配獲得日の子会社の資本は、親会社に帰属する部分と非支配株主に帰属する部分とに分け、前者は親会社の投資a と相殺消去し、後者は非支配株主持分b として処理する。また、支配獲得日後に生じた子会社の利益剰余金および評価・換算差額等c のうち非支配株主に帰属する部分は、非支配株主持分として処理する。

記号	適当な語句
○	

【連結財務諸表に関する会計基準・(注 7)】　　　重要度 ★★★

5 段階取得における子会社に対する投資の金額は、連結財務諸表上、支配獲得日a における時価で算定する。この結果、連結財務諸表において、支配獲得日a における時価と支配を獲得するに至った個々の取引ごとの原価の合計額b との差額は、当期の評価差額c として処理する。

記号	適当な語句
c	段階取得に係る損益

【連結財務諸表に関する会計基準・62】　　　重要度 ★★★

6 子会社株式を追加取得した場合には、追加取得した株式に対応する持分を非支配株主持分a から減額b し、追加取得により増加した親会社の持分を追加投資額と相殺消去する。追加取得により増加した親会社の持分と追加投資額との間に生じた差額は、のれんc とする。

記号	適当な語句
c	資本剰余金

【連結財務諸表に関する会計基準・28】　　　重要度 ★★★

Questions
問 題

以下の文章について、正しいものは○、誤っているものには×とし、×としたものは、その理由も考えなさい。

1 関連会社に対する投資については、原則として持分法を適用しなければならないが、子会社以外の他の会社に対する議決権の所有割合が 20% 未満の場合には、関連会社に該当しないため持分法を適用する必要はない。

2 A社はB社の議決権のある株式を 40% 保有している。さらにB社の取締役 9 名のうち、1 名がA社の現在の役員、2 名がA社の元役員、2 名がA社の現在の使用人であり、B社の財務および営業または事業の方針の決定に関して影響を与えることができる立場にある場合であっても、議決権のある株式の過半数を保有していないためB社はA社の子会社に該当しない。

3 子会社の決算日が連結決算日と異なる場合には、子会社は、連結決算日に正規の決算に準ずる合理的な手続きにより再度、決算を行わなければならない。

4 連結会社相互間の取引によって取得した棚卸資産、固定資産その他の資産に含まれる未実現損益は、その全額を消去する。なお、ダウン・ストリームの場合には、当該未実現損益を親会社と非支配株主の持分比率に応じて、親会社の持分と非支配株主持分に配分する。

1 ✕

他の企業の議決権の保有割合が 20% 未満の場合であっても、一定の議決権を有しており、かつ、当該企業の財務および営業または事業の方針の決定に対して重要な影響を与える一定の事実が認められるなどの場合には、関連会社に該当するため、持分法適用会社となる。

【持分法に関する会計基準・5−2】　　　　　　　　重要度★★☆

2 ✕

Ａ社は、Ｂ社の議決権の 100 分の 40 以上、100 分の 50 以下を自己の計算において所有しており、かつ、Ｂ社の取締役の構成員の過半数を占めているため、Ｂ社はＡ社の子会社に該当する。

【連結財務諸表に関する会計基準・7（2）②】　　　　重要度★★☆

3 ✕

子会社の決算日と連結決算日の差異が 3ヵ月を超えない場合には、子会社の正規の決算を基礎として連結決算を行うことができる。

【連結財務諸表に関する会計基準・（注 4）】　　　　重要度★★★

4 ✕

連結会社相互間の取引によって取得した棚卸資産、固定資産その他の資産に含まれる未実現損益は、その全額を消去し、アップ・ストリームの場合には、当該未実現損益を親会社と非支配株主の持分比率に応じて、親会社の持分と非支配株主持分に配分する。

【連結財務諸表に関する会計基準・36、38】　　　　重要度★★★

Questions
問題

以下の文章について、正しいものは○、誤っているものには×とし、×としたものは、その理由も考えなさい。

1 連結貸借対照表上、連結子会社における個別貸借対照表の純資産の部に計上されている評価・換算差額等は、持分比率にもとづき親会社持分割合と非支配株主持分割合とに按分する。

2 親会社の子会社に対する投資とこれに対応する子会社の資本との相殺消去により生じたのれんは、資産計上し、規則的な償却を行わず、のれんの価値が損なわれた時に減損処理を行う。

3 子会社の欠損のうち、当該子会社に係る非支配株主持分に割当てられる額が当該非支配株主の負担すべき額を超える場合には、当該超過額は、親会社の持分に負担させる。

4 連結財務諸表の作成にあたり計上するのれんは、親会社持分相当額と非支配株主持分額の双方から発生した金額を計上する。

5 持分法の適用にあたって、被投資会社から配当金を受取った場合には、投資会社は、投資の額を増額する。

1 ○

【貸借対照表の純資産の部の表示に関する会計基準・7】　　　　重要度★★★

2 ✕

のれんは、資産に計上し、20年以内のその効果の及ぶ期間にわたっ
て、定額法その他の合理的な方法により規則的に償却する。

【連結財務諸表に関する会計基準・24、企業結合に関する会計基準・32】　　重要度★★★

3 ○

【連結財務諸表に関する会計基準・27】　　　　重要度★★★

4 ✕

連結財務諸表の作成にあたり計上するのれんは、親会社の子会社に
対する投資とこれに対応する子会社の資本との相殺消去により発生
するため、親会社持分相当額のみ計上される。

【連結財務諸表に関する会計基準・24】　　　　重要度★★★

5 ✕

持分法においては、被投資会社から配当金を受取った場合には、当
該配当金に相当する額を投資の額から減額する。

【持分法に関する会計基準・14】　　　　重要度★★★

Questions
問題

以下の文章について、正しいものは○、誤っているものには×とし、×としたものは、その理由も考えなさい。

1 連結貸借対照表の科目の分類は、個別財務諸表における科目の分類を基礎とするが、企業集団の財政状態について誤解を生じさせないために、科目を細目にして表示しなければならない。

2 子会社株式を追加取得した場合において、減額する非支配株主持分は、追加取得日における非支配株主持分の額により計算する。

3 子会社株式を一部売却した場合（親会社と子会社の支配関係が継続している場合に限る。）において増額する非支配株主持分については、一部売却日における非支配株主持分の額により計算する。

4 子会社の時価発行増資等にともない、親会社の払込額と親会社の持分の増減額との間に差額が生じた場合（親会社と子会社の支配関係が継続している場合に限る。）には、当該差額を資本剰余金とする。

5 持分法を適用する場合において、投資会社の投資日における投資とこれに対応する被投資会社の資本との間に差額がある場合には、当該差額はのれんまたは負ののれんとし、のれんは連結する場合と同様に無形固定資産として処理する。

1 ✕

連結貸借対照表の科目の分類は、個別財務諸表における科目の分類を基礎とするが、企業集団の財政状態について誤解を生じさせない限り、科目を集約して表示することができる。

【連結財務諸表に関する会計基準（注11）】　　　重要度 ★ ★ ★

DATE
/
/
/

2 ◯

【連結財務諸表に関する会計基準（注8）(1)】　　　重要度 ★ ★ ★

DATE
/
/
/

3 ✕

子会社株式を一部売却した場合において増額する非支配株主持分については、親会社の持分のうち売却した株式に対応する部分として計算する。

【連結財務諸表に関する会計基準・(注9)(1)】　　　重要度 ★ ★ ★

DATE
/
/
/

4 ◯

【連結財務諸表に関する会計基準・30】　　　重要度 ★ ★ ★

DATE
/
/
/

5 ✕

持分法を適用する場合において、投資会社の投資日における投資とこれに対応する被投資会社の資本との間に差額がある場合には、当該差額はのれんまたは負ののれんとし、のれんは投資に含めて処理する。

【持分法に関する会計基準・11】　　　重要度 ★ ★ ★

Questions
問題

以下の各問いについて考えなさい。

記述問題 1

Check!
&
Check!

DATE
/
/
/

のれんの会計処理方法には、(1)一定期間内に規則的に償却する方法と(2)規則的な償却を行わず、のれんの価値が損なわれたときに減損処理を行う方法が考えられる。

これら(1)と(2)の方法について、

問1：我が国の会計基準では、どちらの方法を採用しているか答えなさい。

問2：問1で解答した方法の優れている点を簡潔に述べなさい。

問1　(1)

問2　のれんを一定期間内に規則的に償却する方法によれば、企業結合の成果たる収益と、その対価の一部を構成するのれんの償却という費用が対応可能となる。

【企業結合に関する会計基準・105】　　　　　　　　　　重要度★★★

記述問題 2

Check!
&
Check!

DATE
/
/
/

連結貸借対照表の作成にあたっては、支配獲得日において、子会社の資産および負債のすべてを支配獲得日の時価により評価する方法（全面時価評価法）により評価する。この場合における資産および負債の時価評価は、金融商品に適用されている時価主義と異なり、従来の取得原価主義の適用にほかならない。その理由を取得原価の意味と関連させて簡潔に述べなさい。

取得原価は、取得のために支払った財の時価であり、通常、取得した資産等の時価と等価であることが前提である。したがって、子会社に対する投資（取得原価）は、受入れた資産、引受けた負債の時価を基準として配分することとなるため、子会社の資産、負債の時価評価は、取得原価主義の適用であるといえる。

重要度★★☆

記述問題 3

連結財務諸表を作成するにあたり、連結会社相互間における商品の売買その他の取引に係る項目は、相殺消去しなければならない。なぜ、消去しなければならないのか、その理由を簡潔に述べなさい。

Check!
&
Check!

DATE
/
/
/

　連結会社相互間における商品売買その他の取引は、企業集団内の取引にすぎないため、これらに係る項目は、連結財務諸表の作成上、相殺消去しなければならない。

【連結財務諸表に関する会計基準・35】　　　　　　　　　　　　　重要度★★★

記述問題 4

株主資本は報告主体の所有者に帰属するもの、という意味では個別会計上と連結会計上で相違はない。しかし、貸借対照表上の株主資本の部の表示方法について、両者は異なった表示方法を採用している。その違いについて簡潔に説明しなさい。

Check!
&
Check!

DATE
/
/
/

　個別貸借対照表上、資本剰余金は資本準備金およびその他資本剰余金に区分し、利益剰余金は利益準備金およびその他利益剰余金に区分して表示するが、連結貸借対照表上では、資本剰余金、利益剰余金としてまとめて表示する。

【貸借対照表の純資産の部の表示に関する会計基準・5、6】　　　重要度★★★

Questions
問題

以下の文章の（　）内に入る用語を考えなさい。

DATE
/
/
/

1　（企業結合）とは、ある企業またはある企業を構成する事業と他の企業または他の企業を構成する事業とが 1 つの報告単位に統合されることをいう。

【企業結合に関する会計基準・5】　　　　　　　　　　　重要度★★★

DATE
/
/
/

2　共同支配企業の形成および共通支配下の取引以外の企業結合は取得となり、この場合における会計処理は、（パーチェス法）による。なお、取得原価は、（識別可能資産）および（識別可能負債）の企業結合日時点の時価を基礎として、当該資産および負債に対して企業結合日以後 1 年以内に配分する。

【企業結合に関する会計基準・17、28】　　　　　　　　重要度★★★

DATE
/
/
/

3　取得とは、ある企業が他の企業または企業を構成する事業に対する（支配）を獲得することをいう。

【企業結合に関する会計基準・9】　　　　　　　　　　　重要度★★★

4 　被取得企業または取得した事業の取得原価は、原則として、取得の対価となる財の企業結合日における（時価）で算定する。

【企業結合に関する会計基準・23】　　　　　　　　重要度★★★

5 　企業結合における外部のアドバイザー等に支払った特定の報酬・手数料等の取得関連費用は、発生した事業年度の（費用）として処理する。

【企業結合に関する会計基準・26】　　　　　　　　重要度★★★

6 　個別財務諸表上、取得が複数の取引により達成された場合における被取得企業の（取得原価）は、支配を獲得するに至った個々の取引ごとの原価の合計額とする。

【企業結合に関する会計基準・25（1）】　　　　　重要度★★★

Questions
問題

以下の文章について、下線部のいずれかに語句の誤りが存在するものがある。誤りがある場合には、その記号（a〜c）およびそれに代わる適当な語句を考えなさい。誤りがない場合には、○印とする。

Check!
&
Check!

DATE
/
/
/

1 企業結合により生じたのれんは<u>無形固定資産</u>a の区分に表示し、のれんの当期償却額は<u>販売費及び一般管理費</u>b の区分に表示する。また、負ののれんが生じた場合には、原則として、<u>固定負債</u>c に表示する。

記号	適当な語句
C	特別利益

【企業結合に関する会計基準・47、48】　　　　　　　　　　重要度 ★ ★ ★

DATE
/
/
/

2 時価とは、<u>公正な評価額</u>a をいい、通常、それは観察可能な<u>市場価格</u>b である。<u>市場価格</u>b が観察できない場合には、<u>合理的に算定された価額</u>c をいう。

記号	適当な語句
○	

【企業結合に関する会計基準・14】　　　　　　　　　　　　重要度 ★ ★ ★

3　移転した事業に関する投資が清算されたとみる場合の分離元企業の会計処理は、その事業を分離先企業に移転したことにより受取った対価となる財の時価a と、移転した事業に係る株主資本相当額b との差額をのれんc として認識するとともに、改めて当該受取対価の時価a にて投資を行ったものとする。

記号	適当な語句
C	移転損益

【事業分離等に関する会計基準・10（1）】　　　　　　　　重要度★★★

4　移転した事業に関する投資がそのまま継続しているとみる場合の分離元企業の会計処理は、移転損益a を認識せず、その事業を分離先企業に移転したことにより受取る資産の取得原価b は、移転した事業に係る時価c に基づいて算定するものとする。

記号	適当な語句
C	株主資本相当額

【事業分離等に関する会計基準・10（2）】　　　　　　　　重要度★★★

Questions

問題

> 以下の文章について、正しいものは○、誤っているものには×とし、×としたものは、その理由も考えなさい。

1 取得とされた企業結合において取得した事業の取得原価は、支払対価が現金以外の資産の引渡し、負債の引受けまたは株式の交付の場合、支払対価となる財の時価で算定する。

2 企業結合において、取得原価が受入れた資産および引受けた負債に配分された純額を下回る場合には、その不足額は負ののれんとし、当該負ののれんは、負債として処理する。

3 企業結合により生じた（正の）のれんは、資産に計上し、その効果の及ぶ期間にわたって、定額法その他の合理的な方法により規則的に償却する。ただし、のれんの金額に重要性が乏しい場合には、当該のれんが生じた事業年度の費用として処理することができる。

4 共同支配企業の形成において、共同支配企業は、共同支配投資企業から移転する資産および負債を、移転直前に共同支配投資企業において付されていた適正な帳簿価額により計上する。

5 事業分離における移転した事業に係る株主資本相当額は、移転した事業に係る資産および負債の移転直前の適正な帳簿価額による差額から、当該事業に係る評価・換算差額等および新株予約権を控除した額をいう。

Check!
&
Check!

1 ✕

DATE
/
/
/

取得とされた企業結合において取得した事業の取得原価は、支払対価が現金以外の資産の引渡し、負債の引受けまたは株式の交付の場合には、支払対価となる財の時価と取得した事業の時価のうち、より高い信頼性をもって測定可能な時価で算定する。

【企業結合に関する会計基準・23】　　　　　　　　重要度★★★

2 ✕

DATE
/
/
/

負ののれんは、当該負ののれんが生じた事業年度の利益として処理する。

【企業結合に関する会計基準・33】　　　　　　　　重要度★★★

3 ✕

DATE
/
/
/

企業結合により生じた（正の）のれんは、資産に計上し、20年以内のその効果の及ぶ期間にわたって、定額法その他の合理的な方法により規則的に償却する。ただし、のれんの金額に重要性が乏しい場合には、当該のれんが生じた事業年度の費用として処理することができる。

【企業結合に関する会計基準・32】　　　　　　　　重要度★★★

4 ○

【企業結合に関する会計基準・38】　　　　　　　　重要度★★★

DATE
/
/
/

5 ○

【事業分離等に関する会計基準・10（1）】　　　　　重要度★★★

DATE
/
/
/

Questions
問題

以下の各問いについて考えなさい。

記述問題 1

「のれん」とは何か。また、会計処理について説明しなさい。

Check!
&
Check!

DATE
/
/
/

　のれんとは、取得原価が、受入れた資産および引受けた負債に配分された純額を上回る場合の超過額である。のれんは、資産に計上し、20年以内のその効果の及ぶ期間にわたって、定額法その他の合理的な方法により規則的に償却する。ただし、のれんの金額に重要性が乏しい場合には、当該のれんが生じた事業年度の費用として処理することができる。

【企業結合に関する会計基準・31、32】　　　　　　　　　　　重要度★★★

Questions
問題

以下の文章の（　）内に入る用語を考えなさい。

1　キャッシュ・フロー計算書には、（営業活動）によるキャッシュ・フロー、（投資活動）によるキャッシュ・フローおよび（財務活動）によるキャッシュ・フローの区分を設けなければならない。

【連結キャッシュ・フロー計算書等の作成基準第二・二1】　　重要度★★★

2　キャッシュ・フロー計算書が対象とする資金の範囲は、現金および（現金同等物）である。現金とは、手許現金、（要求払預金）および特定の電子決済手段をいい、（現金同等物）とは、容易に換金可能であり、かつ、価値の変動について僅少なリスクしか負わない短期投資をいう。

【連結キャッシュ・フロー計算書等の作成基準第二・一、
連結キャッシュ・フロー計算書等の作成基準の一部改正・2】　　重要度★★★

3　連結キャッシュ・フロー計算書の営業活動によるキャッシュ・フローの区分の表示方法には、税金等調整前当期純利益に非資金損益項目等を加減して表示する（間接法）と、主要な取引ごとにキャッシュ・フローを総額表示する（直接法）がある。

【連結キャッシュ・フロー計算書等の作成基準第三・一】　　重要度★★★

4 　キャッシュ・フロー計算書の営業活動によるキャッシュ・フローの区分には、（営業損益計算）の対象となった取引のほか、投資活動および財務活動以外の取引によるキャッシュ・フローを記載する。

【連結キャッシュ・フロー計算書等の作成基準第二・二 1①】　重要度★★★

DATE
/
/
/

5 　キャッシュ・フロー計算書の投資活動によるキャッシュ・フローの区分には、（固定資産）の取得および売却、現金同等物に含まれない（短期投資）の取得および売却等によるキャッシュ・フローを記載する。

【連結キャッシュ・フロー計算書等の作成基準第二・二 1②】　重要度★★★

DATE
/
/
/

6 　キャッシュ・フロー計算書の財務活動によるキャッシュ・フローの区分には、（資金の調達および返済）によるキャッシュ・フローを記載する。

【連結キャッシュ・フロー計算書等の作成基準第二・二 1③】　重要度★★★

DATE
/
/
/

Questions
問題

以下の文章の（　）内に入る用語を考えなさい。

DATE
/
/
/

1　　自己株式の取得による支出は、キャッシュ・フロー計算書において、（財務活動）によるキャッシュ・フローの区分に表示する。

【連結キャッシュ・フロー計算書等の作成基準注解（注5）】　重要度★★★

DATE
/
/
/

2　　法人税等に係るキャッシュ・フローは、キャッシュ・フロー計算書において、（営業活動）によるキャッシュ・フローの区分に表示する。

【連結キャッシュ・フロー計算書等の作成基準第二・二2】　重要度★★★

DATE
/
/
/

3　　連結範囲の変動を伴う子会社株式の取得または売却に係るキャッシュ・フローは、連結キャッシュ・フロー計算書において、（投資活動）によるキャッシュ・フローの区分に表示する。

【連結キャッシュ・フロー計算書等の作成基準第二・二4】　重要度★★★

4 　連結キャッシュ・フロー計算書の作成に当たっては、連結会社相互間のキャッシュ・フローは（相殺消去）しなければならない。

【連結キャッシュ・フロー計算書等の作成基準第二・三】　　重要度★★★

5 　投資活動によるキャッシュ・フローおよび財務活動によるキャッシュ・フローは、主要な取引ごとにキャッシュ・フローを（総額表示）しなければならない。

【連結キャッシュ・フロー計算書等の作成基準第三・二】　　重要度★★★

6 　キャッシュ・フロー計算書において、災害による保険金収入および損害賠償金の支払いは、（営業活動）によるキャッシュ・フローの区分に表示する。

【連結キャッシュ・フロー計算書等の作成基準注解（注3）】　　重要度★★★

Questions
問題

以下の文章について、下線部のいずれかに語句の誤りが存在するものがある。誤りがある場合には、その記号（a〜c）およびそれに代わる適当な語句を考えなさい。誤りがない場合には、○印とする。

1　キャッシュ・フロー計算書が対象とする資金の範囲は、現金および要求払預金a である。要求払預金a とは、容易に換金可能であり、かつ、価値の変動について僅少なリスクb しか負わない短期投資c をいう。

記号	適当な語句
a	現金同等物

【連結キャッシュ・フロー計算書等の作成基準第二・一】　　　　　重要度★★★

2　連結キャッシュ・フロー計算書の営業活動a によるキャッシュ・フローの区分の表示方法には、主要な取引ごとにキャッシュ・フローを総額表示する直接法b と、税金等調整前当期純利益に非資金損益項目等を加減して表示する間接法c とがある。

記号	適当な語句
○	

【連結キャッシュ・フロー計算書等の作成基準第三・一】　　　　　重要度★★★

3　キャッシュ・フロー計算書の営業活動によるキャッシュ・フローの区分には、経常損益計算a の対象となった取引のほか、投資活動b および財務活動c 以外の取引によるキャッシュ・フローを記載する。

記号	適当な語句
a	営業損益計算

【連結キャッシュ・フロー計算書等の作成基準第二・二 1 ①】　　　重要度★★★

4　キャッシュ・フロー計算書において、利息の受取額と支払額は、総額によって表示するが、受取利息および支払利息ともに「<u>営業活動a</u>によるキャッシュ・フロー」の区分に記載する方法と、受取利息は「<u>投資活動b</u>によるキャッシュ・フロー」の区分に記載し、支払利息は「<u>財務活動c</u>によるキャッシュ・フロー」の区分に記載する方法のいずれかによることができる。

DATE
／
／
／

記号	適当な語句
○	

【連結キャッシュ・フロー計算書等の作成基準第二・二 3】　　重要度★★★

5　キャッシュ・フロー計算書において、配当金の支払額と受取額は、総額によって表示する。支払配当金は「<u>財務活動a</u>によるキャッシュ・フロー」の区分に記載するが、受取配当金は「<u>営業活動b</u>によるキャッシュ・フロー」の区分に記載する方法と「<u>投資活動c</u>によるキャッシュ・フロー」の区分に記載する方法のいずれかによることができる。

DATE
／
／
／

記号	適当な語句
○	

【連結キャッシュ・フロー計算書等の作成基準第二・二 3】　　重要度★★★

Questions
問題

以下の文章について、正しいものは○、誤っているものには×とし、×としたものは、その理由も考えなさい。

1 キャッシュ・フロー計算書の営業活動によるキャッシュ・フローの区分を間接法で表示した場合、営業活動に係る資産の増加はキャッシュ・フローの増加要因となり、営業活動に係る負債の増加はキャッシュ・フローの減少要因となる。

2 キャッシュ・フロー計算書が対象とする資金の範囲は「現金および現金同等物」であるが、このうちの現金と貸借対照表の「現金および預金」の現金は構成要素が一致する。

3 営業活動によるキャッシュ・フローと投資活動によるキャッシュ・フローの金額の合計は、配当支払前フリー・キャッシュ・フローと呼ばれる。

4 キャッシュ・フロー計算書において、現金および現金同等物に係る換算差額は、投資活動によるキャッシュ・フローの区分に表示する。

5 キャッシュ・フロー計算書の「投資活動によるキャッシュ・フロー」および「財務活動によるキャッシュ・フロー」は、主要な取引ごとにキャッシュ・フローを総額で表示しなければならないが、期間が短く、かつ、回転が速い項目に係るキャッシュ・フローについては、純額で表示することができる。

Check!
&
Check!

1 ✕

キャッシュ・フロー計算書の営業活動によるキャッシュ・フローの区分を間接法で表示した場合、営業活動に係る資産（売上債権・棚卸資産等）の増加はキャッシュ・フローの減少要因、営業活動に係る負債（仕入債務等）の増加はキャッシュ・フローの増加要因となる。

【連結キャッシュ・フロー計算書等の作成基準注解（注7）様式2】　重要度★★★

DATE
/
/
/

2 ✕

キャッシュ・フロー計算書が対象とする資金の範囲は、現金および現金同等物であり、このうちの現金とは、手許現金、要求払預金および特定の電子決済手段をいう。要求払預金には、例えば、当座預金、普通預金、通知預金が含まれる。

【連結キャッシュ・フロー計算書等の作成基準第二・一、同注解（注1）、
　連結キャッシュ・フロー計算書等の作成基準の一部改正・2】　　重要度★★★

DATE
/
/
/

3 ◯

重要度★★☆

DATE
/
/
/

4 ✕

キャッシュ・フロー計算書において、現金および現金同等物に係る換算差額は、他と区別して表示する。

【連結キャッシュ・フロー計算書等の作成基準第三・三】　　重要度★★★

DATE
/
/
/

5 ◯

【連結キャッシュ・フロー計算書等の作成基準第三・二、同注解（注8）】
　　　　　　　　　　　　　　　　　　　　　　　　重要度★★★

DATE
/
/
/

問題

以下の各問いについて考えなさい。

記述問題 1

連結キャッシュ・フロー計算書の作成目的を説明しなさい。

　連結キャッシュ・フロー計算書は、企業集団の一会計期間における
キャッシュ・フローの状況を報告するために作成する。

【連結キャッシュ・フロー計算書等の作成基準第一】　　　　　　　　重要度 ★ ★ ★

記述問題 2

キャッシュ・フロー計算書が対象とする資金の範囲について説明
しなさい。

　キャッシュ・フロー計算書が対象とする資金の範囲は、現金および
現金同等物である。現金とは、手許現金、要求払預金および特定の電
子決済手段をいい、現金同等物とは、容易に換金可能であり、かつ、
価値の変動について僅少なリスクしか負わない短期投資をいう。

【連結キャッシュ・フロー計算書等の作成基準第二・一、　　　　　　重要度★★★
　連結キャッシュ・フロー計算書等の作成基準の一部改正・2】

Questions
問題

**Check!
&
Check!**

以下の文章の（　）内に入る用語を考えなさい。

1　会計上の変更とは、（会計方針）の変更、（表示方法）の変更および会計上の見積りの変更をいい、過去の財務諸表における（誤謬の訂正）は、会計上の変更には該当しない。

【会計方針の開示、会計上の変更及び誤謬の訂正に関する会計基準・4　(4)】

重要度★★★

2　会計方針の変更のうち、会計基準等の改正に伴う変更で会計基準等が変更時の取扱いを示していない場合や、他の正当な理由による自発的な変更の場合は、新たな会計方針を過去の期間すべてに（遡及適用）する。

【会計方針の開示、会計上の変更及び誤謬の訂正に関する会計基準・5、6】

重要度★★★

3　財務諸表の表示方法を変更した場合には、原則として表示する過去の財務諸表について、新たな表示方法に従い（財務諸表の組替え）を行う。

【会計方針の開示、会計上の変更及び誤謬の訂正に関する会計基準・14】

重要度★★★

4 （会計上の見積り）の変更は、当該変更が変更期間のみに影響する場合には、当該変更期間に会計処理を行い、当該変更が将来の期間にも影響する場合には、将来にわたり会計処理を行う。したがって、（会計上の見積り）の変更では、遡及適用は行わない。

【会計方針の開示、会計上の変更及び誤謬の訂正に関する会計基準・17】

重要度★★★

5 有形固定資産の減価償却方法の変更等、（会計方針）の変更を（会計上の見積り）の変更と区別することが困難な場合については、（会計上の見積り）の変更と同様に取扱い、遡及適用は行わない。

【会計方針の開示、会計上の変更及び誤謬の訂正に関する会計基準・19、20】

重要度★★★

6 過去の財務諸表に誤謬が発見された場合には、誤謬の訂正を財務諸表に反映する必要があり、これを（修正再表示）という。

【会計方針の開示、会計上の変更及び誤謬の訂正に関する会計基準・4 (11)】

重要度★★★

Questions
問題

Check!
&
Check!

以下の文章について、下線部のいずれかに語句の誤りが存在するものがある。誤りがある場合には、その記号（a～c）およびそれに代わる適当な語句を考えなさい。誤りがない場合には、○印とする。

DATE
/
/
/

1　会計方針とは、財務諸表の作成にあたって採用した<u>会計処理の原則</u>a および<u>表示方法</u>b をいい、会計方針の変更を行った場合には、会計基準等の改正に伴う特定の経過措置を除き、<u>遡及適用</u>c を行う。

記号	適当な語句
b	手続

【会計方針の開示、会計上の変更及び誤謬の訂正に関する会計基準・4（1）、6】

重要度★★★

DATE
/
/
/

2　会計上の変更とは、<u>会計方針の変更</u>a、<u>表示方法の変更</u>b および<u>誤謬の訂正</u>c をいう。

記号	適当な語句
c	会計上の見積りの変更

【会計方針の開示、会計上の変更及び誤謬の訂正に関する会計基準・4（4）】

重要度★★★

3　会計方針の変更によって、新たな会計方針を<u>遡及適用</u>a する場合には、表示期間より前の期間に関する<u>遡及適用</u>a による<u>累積的影響額</u>b は、表示する財務諸表のうち、<u>最も古い期間</u>c の期首の資産、負債および純資産の額に反映する。表示する過去の各期間の財務諸表には、当該各期間の影響額を反映する。

記号	適当な語句
○	

【会計方針の開示、会計上の変更及び誤謬の訂正に関する会計基準・7】

重要度★★★

4　過去の財務諸表に誤謬が発見され、<u>遡及適用</u>a する場合には、表示期間より前の期間に関する<u>遡及適用</u>a による<u>累積的影響額</u>b は、表示する財務諸表のうち、<u>最も古い期間</u>c の期首の資産、負債および純資産の額に反映する。表示する過去の各期間の財務諸表には、当該各期間の影響額を反映する。

記号	適当な語句
a	修正再表示

【会計方針の開示、会計上の変更及び誤謬の訂正に関する会計基準・21】

重要度★★★

Questions
問題

以下の文章について、正しいものは○、誤っているものには×とし、×としたものは、その理由も考えなさい。

1 会計方針の変更とは、従来採用していた一般に公正妥当と認められた会計方針から他の一般に公正妥当と認められた会計方針に変更することをいう。

2 会計方針の変更および表示方法の変更を行う場合、新たな会計方針および新たな表示方法を過去の財務諸表に遡って適用していたかのように会計処理および表示を変更することを修正再表示という。

3 過去の財務諸表に誤謬が発見された場合の修正再表示については、表示する過去の各期間の財務諸表に当該各期間の影響額を反映し、表示期間より前の期間に関する累積的影響額は考慮する必要はない。

4 固定資産の減価償却方法は、会計方針に該当するが、その変更については、会計上の見積りの変更と区別することが困難であるため、会計上の見積りの変更と同様に取扱う。

5 会計上の見積りの変更のうち、回収不能債権に対する貸倒見積額の見積りの変更による当該影響は、当期においてのみ認識され、有形固定資産の耐用年数の見積りの変更は、当期およびその資産の残存耐用年数にわたる将来の各期間の減価償却費に影響を与える。

1 ○

【会計方針の開示、会計上の変更及び誤謬の訂正に関する会計基準・4 (5)】

重要度★★★

2 ×

会計方針の変更を行う場合の取扱いは遡及適用といい、表示方法の
変更を行う場合の取扱いは財務諸表の組替えという。

【会計方針の開示、会計上の変更及び誤謬の訂正に関する会計基準・4 (9)、(10)】

重要度★★★

3 ×

過去の財務諸表に誤謬が発見された場合の修正再表示について、表
示期間より前の期間に関する累積的影響額は、表示する財務諸表の
うち、最も古い期間の期首の資産、負債および純資産の額に反映
する。

【会計方針の開示、会計上の変更及び誤謬の訂正に関する会計基準・21】

重要度★★★

4 ○

【会計方針の開示、会計上の変更及び誤謬の訂正に関する会計基準・19、20】

重要度★★★

5 ○

【会計方針の開示、会計上の変更及び誤謬の訂正に関する会計基準・56】

重要度★★★

問題

以下の各問いについて考えなさい。

記述問題 1

会計上の変更および誤謬の訂正の取扱いにおける遡及適用、財務諸表の組替えおよび修正再表示のそれぞれについて説明しなさい。

遡及適用とは、新たな会計方針を過去の財務諸表に遡って適用していたかのように会計処理することをいう。

財務諸表の組替えとは、新たな表示方法を過去の財務諸表に遡って適用していたかのように表示を変更することをいう。

修正再表示とは、過去の財務諸表における誤謬の訂正を財務諸表に反映することをいう。

【会計方針の開示、会計上の変更及び誤謬の訂正に関する会計基準・4（9）、（10）、（11）】

重要度★★★

以下の文章の（　）内に入る用語を考えなさい。

DATE
/
/
/

1
収益認識に関する会計基準の基本となる原則に従って収益を認識するために、次の(1)から(5)のステップを適用する。

(1) 顧客との（契約を識別）する。

本会計基準の定めは、顧客と合意し、かつ、所定の要件を満たす契約に適用する。

(2) 契約における（履行義務を識別）する。

契約において顧客への移転を約束した財またはサービスが、所定の要件を満たす場合には別個のものであるとして、当該約束を（履行義務）として区分して識別する。

(3) （取引価格）を算定する。

（変動対価）または現金以外の対価の存在を考慮し、金利相当分の影響および顧客に支払われる対価について調整を行い、（取引価格）を算定する。

(4) 契約における（履行義務）に（取引価格）を配分する。

契約において約束した別個の財またはサービスの（独立販売価格）の比率に基づき、それぞれの（履行義務）に（取引価格）を配分する。（独立販売価格）を直接観察できない場合には、（独立販売価格）を見積る。

(5) （履行義務）を充足した時にまたは充足するにつれて収益を認識する。

約束した財またはサービスを顧客に移転することにより（履行義務）を充足した時にまたは充足するにつれて、充足した（履行義務）に配分された額で収益を認識する。（履行義務）は、所定の要件を満たす場合には（一定の期間にわたり）充足され、所定の要件を満たさない場合には（一時点）で充足される。

【収益認識に関する会計基準・17】　　　　　　　　　重要度★★★

DATE
/
/
/

2
収益認識に関する会計基準において、（契約）とは、法的な強制力のある権利および義務を生じさせる複数の当事者間における取決めをいう。

【収益認識に関する会計基準・5】　　　　　　　　　重要度★★★

3　（顧客）とは、対価と交換に企業の通常の営業活動により生じたアウトプットである財またはサービスを得るために当該企業と契約した当事者をいう。

【収益認識に関する会計基準・6】　　　　　　　　重要度★★★

4　（履行義務）とは、顧客との契約において、次の(1)または(2)のいずれかを顧客に移転する約束をいう。
(1)　（別個の）財またはサービス（あるいは（別個の）財またはサービスの束）
(2)　（一連の）別個の財またはサービス（特性が実質的に同じであり、顧客への移転のパターンが同じである複数の財またはサービス）

【収益認識に関する会計基準・7】　　　　　　　　重要度★★★

5　契約における（取引開始日）に、顧客との契約において約束した財またはサービスを評価し、次の(1)または(2)のいずれかを顧客に移転する約束のそれぞれについて（履行義務）として識別する。
(1)　別個の財またはサービス（あるいは別個の財またはサービスの束）
(2)　一連の別個の財またはサービス（特性が実質的に同じであり、顧客への移転のパターンが同じである複数の財またはサービス）

【収益認識に関する会計基準・32】　　　　　　　重要度★★☆

6　企業は約束した財またはサービス（顧客との契約の対象となる財またはサービスについて、以下「資産」と記載することもある。）を顧客に移転することにより履行義務を充足した時にまたは充足するにつれて、（収益）を認識する。資産が移転するのは、顧客が当該資産に対する（支配）を獲得した時または獲得するにつれてである。

【収益認識に関する会計基準・35】　　　　　　　重要度★★★

問題

以下の文章の（　）内に入る用語を考えなさい。

1　取引価格とは、財またはサービスの（顧客への移転）と交換に企業が権利を得ると見込む対価の額（ただし、第三者のために回収する額を除く。）をいう。取引価格の算定にあたっては、契約条件や取引慣行等を考慮する。

【収益認識に関する会計基準・47】　　　　　　　　重要度★★☆

2　顧客と約束した対価のうち変動する可能性のある部分を（変動対価）という。契約において、顧客と約束した対価に（変動対価）が含まれる場合、財またはサービスの顧客への移転と交換に企業が権利を得ることとなる（対価の額）を見積る。

【収益認識に関する会計基準・50】　　　　　　　　重要度★★☆

3　「契約資産」とは、企業が顧客に移転した（財またはサービス）と交換に受取る対価に対する企業の（権利）（ただし、顧客との契約から生じた債権を除く。）をいう。

　「顧客との契約から生じた債権」とは、企業が顧客に移転した財またはサービスと交換に受取る対価に対する企業の権利のうち（無条件）のもの（すなわち、対価に対する法的な請求権）をいう。

【収益認識に関する会計基準・10、12】　　　　　重要度★★★

4　それぞれの履行義務（あるいは別個の財またはサービス）に対する取引価格の配分は、財またはサービスの顧客への移転と交換に企業が（権利を得る）と見込む（対価の額）を描写するように行う。

【収益認識に関する会計基準・65】　　　　　　　　　重要度★★☆

DATE
/
/
/

5　「契約負債」とは、財またはサービスを顧客に移転する企業の（義務）に対して、企業が顧客から（対価）を受取ったものまたは（対価）を受取る期限が到来しているものをいう。

【収益認識に関する会計基準・11】　　　　　　　　　重要度★★★

DATE
/
/
/

6　財またはサービスを顧客に移転する前に顧客から対価を受取る場合、顧客から対価を受取った時または対価を受取る期限が到来した時のいずれか（早い）時点で、顧客から受取る対価について（契約負債）を貸借対照表に計上する。

【収益認識に関する会計基準・78】　　　　　　　　　重要度★★☆

DATE
/
/
/

Questions
問題

以下の文章について、下線部のいずれかに語句の誤りが存在するものがある。誤りがある場合には、その記号（a〜c）およびそれに代わる適当な語句を考えなさい。誤りがない場合には、○印とする。

Check!
&
Check!

DATE
/
/
/

1　収益認識に関する会計基準において、企業は約束した財またはサービス（以下「資産」と記載することもある。）を顧客に移転することにより契約債務a を充足した時にまたは充足するにつれて、収益を認識b する。資産が移転するのは、顧客が当該資産に対する支配c を獲得した時または獲得するにつれてである。

記号	適当な語句
a	履行義務

【収益認識に関する会計基準・35】　　　　　　　　　　重要度 ★ ★ ★

DATE
/
/
/

2　収益認識に関する会計基準において、契約とは、法的な強制力a のある権利および義務を生じさせる複数の当事者間b における取決めc をいう。契約における権利および義務の強制力は法的な概念に基づくものであり、契約は書面、口頭、取引慣行等により成立する。

記号	適当な語句
○	

【収益認識に関する会計基準・20】　　　　　　　　　　重要度 ★ ★ ★

DATE
/
/
/

3　収益認識に関する会計基準において、「契約資産a」とは、企業が顧客に移転した財またはサービスb と交換に受取る対価に対する企業の権利（ただし、顧客との契約から生じた債権を除く。）をいう。また、「契約負債c」とは、財またはサービスb を顧客に移転する企業の義務に対して、企業が顧客から対価を受取ったものまたは対価を受取る期限が到来しているものをいう。

記号	適当な語句
○	

【収益認識に関する会計基準・10、11】　　　　　　　　重要度 ★ ★ ★

4 収益認識に関する会計基準において、顧客から対価を受取る前または対価を受取る期限が到来する前に、財またはサービスを顧客に移転した場合は、収益を認識し、契約資産または<u>顧客との契約から生じた債権a</u>を貸借対照表に計上する。また、財またはサービスを顧客に移転する前に顧客から対価を受取る場合、顧客から対価を受取った時または対価を受取る期限が到来した時のいずれか<u>遅い時点b</u>で、顧客から受取る対価について<u>契約負債c</u>を貸借対照表に計上する。

記号	適当な語句
b	早い時点

【収益認識に関する会計基準・77、78】　　　　　　　　　　　　　重要度★★★

5 収益認識に関する会計基準において、顧客から受取ったまたは受取る対価の一部あるいは全部を顧客に<u>返金a</u>すると見込む場合、受取ったまたは受取る対価の額のうち、企業が権利を得ると見込まない額について、<u>返品資産b</u>を認識する。<u>返品資産b</u>の額は、<u>各決算日に見直すc</u>。

記号	適当な語句
b	返金負債

【収益認識に関する会計基準・53】　　　　　　　　　　　　　　重要度★★★

6 収益認識に関する会計基準において、履行義務の充足に係る<u>進捗度a</u>を合理的に見積ることができないが、当該履行義務を充足する際に発生する<u>費用b</u>を回収することが見込まれる場合には、履行義務の充足に係る<u>進捗度a</u>を合理的に見積ることができる時まで、一定の期間にわたり充足される履行義務について<u>原価回収基準c</u>により処理する。

記号	適当な語句
○	

【収益認識に関する会計基準・45】　　　　　　　　　　　　　　重要度★★★

Questions
問題

以下の文章について、正しいものは○、誤っているものには×とし、×としたものは、その理由も考えなさい。

1 収益認識に関する会計基準において、契約における履行義務に取引価格を配分する際は、契約において約束した別個の財またはサービスの独立販売価格の比率に基づき、それぞれの履行義務に取引価格を配分する。

2 収益認識に関する会計基準において、資産が移転するのは、顧客が当該資産に対する支配を獲得した時または獲得するにつれてとなるが、「資産に対する支配」とは、当該資産の使用を指図し、当該資産からの残りの便益のほとんどすべてを享受する能力をいう。

3 収益認識に関する会計基準において、取引価格の事後的な変動のうち、既に充足した履行義務に配分された額については、充足した期まで遡及して収益の額を修正する。

4 収益認識に関する会計基準において、取引価格とは、財またはサービスの顧客への移転と交換に企業が権利を得ると見込む対価の額（第三者のために回収する額を除く。）をいう。

5 企業が顧客との契約における義務を履行することにより、別の用途に転用することができない資産が生じ、かつ、義務の履行を完了した部分について、対価を収受する強制力のある権利を有している場合、資産に対する支配を顧客に一定の期間にわたり移転したとしても、一時点で履行義務を充足し収益を認識する。

6 収益認識に関する会計基準において、契約における対価が現金以外の場合に取引価格を算定するにあたっては、当該対価を時価により算定する。

Check!
&
Check!

1 ○

【収益認識に関する会計基準・17（4）】　　　重要度 ★★★

DATE
/
/
/

2 ○

【収益認識に関する会計基準・35、37】　　　重要度 ★★☆

DATE
/
/
/

3 ×

取引価格の事後的な変動のうち、既に充足した履行義務に配分された額については、取引価格が変動した期の収益の額を修正する。

【収益認識に関する会計基準・74】　　　重要度 ★★★

DATE
/
/
/

4 ○

【収益認識に関する会計基準・8】　　　重要度 ★★☆

DATE
/
/
/

5 ×

いずれも要件を満たす場合は、資産に対する支配を顧客に一定の期間にわたり移転することにより、一定の期間にわたり履行義務を充足し収益を認識する。

【収益認識に関する会計基準・38】　　　重要度 ★★★

DATE
/
/
/

6 ○

【収益認識に関する会計基準・59】　　　重要度 ★★☆

DATE
/
/
/

20 ◆ 収益認識等⑤

Questions 問題

以下の文章について、正しいものは○、誤っているものには×とし、×としたものは、その理由も考えなさい。

1 収益認識に関する会計基準において、顧客との契約に重要な金融要素が含まれる場合、取引価格の算定にあたっては、約束した対価の額に含まれる金利相当分の影響を調整する。収益は、約束した財またはサービスが顧客に移転した時点で（または移転するにつれて）、当該財またはサービスに対して顧客が支払うと見込まれる現金販売価格を反映する金額で認識する。

2 収益認識に関する会計基準において、企業が顧客に移転した財またはサービスと交換に受取る対価に対する企業の権利のうち無条件のもの（対価に対する法的な請求権）を、契約資産という。

3 収益認識に関する会計基準において、顧客に支払われる対価は、企業が顧客に対して支払うまたは支払うと見込まれる現金の額が対象であり、顧客が企業に対する債務額に充当できるクーポンなどの額は含まれない。

4 収益認識に関する会計基準において、一定の期間にわたり充足される履行義務については、履行義務の充足に係る進捗度を見積り、当該進捗度に基づき収益を一定の期間にわたり認識する。

5 収益認識に関する会計基準において、契約資産と顧客との契約から生じた債権のそれぞれについて、貸借対照表に他の資産と区分して表示しない場合には、それぞれの残高を注記する。一方、契約負債を貸借対照表において他の負債と区分して表示しない場合には、契約負債の残高を注記する必要はない。

6 収益認識に関する会計基準において、変動対価の額の見積りにあたっては、発生し得ると考えられる対価の額における最も可能性の高い単一の金額（最頻値）による方法または発生し得ると考えられる対価の額を確率で加重平均した金額（期待値）による方法のいずれかのうち、企業が権利を得ることとなる対価の額をより適切に予測できる方法を用いる。

Check!
&
Check!

1 ◯

【収益認識に関する会計基準・57】　　　　　　　　重要度 ★★☆

DATE
/
/
/

2 ✕

企業が顧客に移転した財またはサービスと交換に受取る対価に対する企業の権利のうち無条件のものは、顧客との契約から生じた債権という。

【収益認識に関する会計基準・12】　　　　　　　　重要度 ★★★

DATE
/
/
/

3 ✕

顧客が企業に対する債務額に充当できるクーポンなどの額も含まれる。

【収益認識に関する会計基準・63】　　　　　　　　重要度 ★★☆

DATE
/
/
/

4 ◯

【収益認識に関する会計基準・41】　　　　　　　　重要度 ★★★

DATE
/
/
/

5 ✕

契約負債を貸借対照表において他の負債と区分して表示しない場合には、契約負債の残高を注記する。

【収益認識に関する会計基準・79】　　　　　　　　重要度 ★★☆

DATE
/
/
/

6 ◯

【収益認識に関する会計基準・51】　　　　　　　　重要度 ★★★

DATE
/
/
/

問題

以下の各問いについて考えなさい。

記述問題 1

収益認識に関する会計基準の基本となる原則に従って、収益を認識するための 5 つのステップを簡潔に述べなさい。

① 顧客との契約を識別する

② 契約における履行義務を識別する

③ 取引価格を算定する

④ 契約における履行義務に取引価格を配分する

⑤ 履行義務を充足した時にまたは充足するにつれて収益を認識する

【収益認識に関する会計基準・17】　　　　　　　　　　重要度★★★

記述問題 2

収益認識に関する会計基準において、契約資産とは、企業が顧客に移転した財またはサービスと交換に受取る対価に対する企業の権利のうち、顧客との契約から生じた債権を除くとなっているが、「顧客との契約から生じた債権」とはどのようなものか述べなさい。

Check!
&
Check!

DATE
　/
　/
　/

　　顧客との契約から生じた債権とは、企業が顧客に移転した財またはサービスと交換に受取る対価に対する企業の権利のうち無条件のものをいう。

【収益認識に関する会計基準・10、12】　　　　　　　　　　重要度★★★

Questions
問題

以下の文章の（　）内に入る用語を考えなさい。

DATE
/
/
/

1 　企業は、セグメント情報として、報告セグメントの概要、報告セグメントの利益または損失、（資産）、（負債）およびその他の重要な項目の額等を開示しなければならない。

【セグメント情報等の開示に関する会計基準・17】　　　　重要度★★★

DATE
/
/
/

2 　企業は、識別された事業セグメントの中から、売上高等の量的基準に従って、（報告セグメント）を決定しなければならない。

【セグメント情報等の開示に関する会計基準・10、12】　　　重要度★★★

DATE
/
/
/

3 　潜在株式に係る権利の行使を仮定することにより算定した1株当たり当期純利益が、1株当たり当期純利益を下回る場合に、当該潜在株式は（希薄化効果）を有するものとする。

【1株当たり当期純利益に関する会計基準・20】　　　　重要度★★★

Check!
&
Check!

4 1株当たり当期純利益は、普通株式に係る当期純利益を普通株式の（期中平均株式数）で除して算定する。なお、（期中平均株式数）は、普通株式の期中平均発行済株式数から期中平均自己株式数を控除して算定する。

【1株当たり当期純利益に関する会計基準・12、17】　　　重要度 ★★★

DATE
/
/
/

5 包括利益とは、ある企業の特定期間の財務諸表において認識された（純資産）の変動額のうち、当該企業の（純資産）に対する持分所有者との直接的な取引によらない部分をいう。

【包括利益の表示に関する会計基準・4】　　　重要度 ★★★

DATE
/
/
/

6 当期純利益を構成する項目のうち、当期または過去の期間にその他の包括利益に含まれていた部分は、包括利益計算書において、その他の包括利益の計算区分から減額するが、これを（組替調整）という。

【包括利益の表示に関する会計基準・9】　　　重要度 ★★★

DATE
/
/
/

Questions

問題

以下の文章の（　）内に入る用語を考えなさい。

DATE
/
/
/

1 その他の包括利益とは、包括利益のうち（当期純利益）に含まれない部分をいう。連結財務諸表におけるその他の包括利益には、親会社株主に係る部分と（非支配株主）に係る部分が含まれる。

【包括利益の表示に関する会計基準・5】　　　　　重要度★★★

DATE
/
/
/

2 包括利益の計算の表示については、当期純利益に（その他の包括利益）の内訳項目を加減して包括利益を表示する。

【包括利益の表示に関する会計基準・6】　　　　　重要度★★★

DATE
/
/
/

3 時価とは、（算定日）において市場参加者間で秩序ある取引が行われると想定した場合の、当該取引における資産の（売却）によって受取る価格または負債の（移転）のために支払う価格をいう。

【時価の算定に関する会計基準・5】　　　　　重要度★★☆

DATE
/
/
/

4 会計上の見積りの開示に関する会計基準は、当年度の財務諸表に計上した金額が（会計上の見積り）によるもののうち、翌年度の財務諸表に重要な影響を及ぼす（リスク）（有利となる場合および不利となる場合の双方が含まれる。）がある項目における（会計上の見積り）の内容について、財務諸表利用者の理解に資する情報を（開示）することを目的とする。

【会計上の見積りの開示に関する会計基準・4】　　　　　重要度★★☆

5　資産とは、過去の取引または事象の結果として、報告主体が支配している（経済的資源）をいう。

【（討議資料）財務会計の概念フレームワーク第 3 章 4】　　重要度★★★

6　（負債）とは、過去の取引または事象の結果として、報告主体が支配している経済的資源を（放棄）もしくは引渡す義務、またはその同等物をいう。

【（討議資料）財務会計の概念フレームワーク第 3 章 5】　　重要度★★★

7　純資産とは、資産と負債の差額をいい、（株主資本）とは、純資産のうち報告主体の所有者である株主に帰属する部分をいう。

【（討議資料）財務会計の概念フレームワーク第 3 章 6、7】　重要度★★★

8　収益とは、純利益または少数株主損益（非支配株主に帰属する当期純損益）を増加させる項目であり、特定期間の期末までに生じた（資産）の増加や（負債）の減少に見合う額のうち、（投資のリスク）から解放された部分である。

【（討議資料）財務会計の概念フレームワーク第 3 章・13】　　重要度★★★

Questions
問題

以下の文章について、下線部のいずれかに語句の誤りが存在するものがある。誤りがある場合には、その記号（a～c）およびそれに代わる適当な語句を考えなさい。誤りがない場合には、○印とする。

DATE / / /

1 企業の純資産に対する持分所有者には、当該企業の株主a のほか当該企業の発行する新株予約権の所有者b が含まれ、連結財務諸表においては、当該企業の子会社の非支配株主c も含まれる。

記号	適当な語句
○	

【包括利益の表示に関する会計基準・4】　　　　　　重要度★★★

DATE / / /

2 その他の包括利益の内訳項目は、その内容に基づいて、その他有価証券評価差額金a、繰延ヘッジ損益b、為替差損益c、退職給付に係る調整額等に区分して表示する。

記号	適当な語句
c	為替換算調整勘定

【包括利益の表示に関する会計基準・7】　　　　　　重要度★★★

DATE / / /

3 1 株当たり当期純利益の算定において、配当優先株式a に係る当期純利益は、損益計算書上の当期純利益から、優先配当額b などの普通株主に帰属しない金額を控除c して算定する。

記号	適当な語句
a	普通株式

【1 株当たり当期純利益に関する会計基準・14、15】　　重要度★★☆

4 　潜在株式が希薄化効果a を有する場合、潜在株式調整後 1 株当たり当期純利益は、当期純利益調整額b を加えた合計金額を、普通株式の期中平均株式数に普通株式増加数c を加えた合計株式数で除して算定する。

記号	適当な語句
○	

【1 株当たり当期純利益に関する会計基準・21】　　　　　　重要度 ★ ★ ★

5 　四半期連結財務諸表作成のための特有の会計処理には、原価差異の繰延処理a と税金費用の計算b がある。原価差異の繰延処理a を行う場合、当該原価差異を純資産c として繰延べることとなる。

記号	適当な語句
c	流動資産または流動負債

【四半期財務諸表に関する会計基準・11、12】　　　　　重要度 ★ ★ ★

6 　四半期個別財務諸表の範囲は、四半期個別貸借対照表a、四半期個別損益計算書b および四半期個別キャッシュ・フロー計算書c であるが、四半期連結財務諸表を開示する場合には、四半期個別財務諸表を開示する必要はない。

記号	適当な語句
○	

【四半期財務諸表に関する会計基準・6】　　　　　　　重要度 ★ ★ ★

Questions
問 題

> 以下の文章について、正しいものは○、誤っているものには×とし、×としたものは、その理由も考えなさい。

1　すべての企業は連結財務諸表または個別財務諸表におけるセグメント情報等の開示を行わなければならないが、連結財務諸表でセグメント情報等の開示を行っている場合には、個別財務諸表での開示を要しない。

2　四半期連結財務諸表の範囲は、包括利益を2計算書方式により表示する場合、四半期連結貸借対照表、四半期連結損益計算書および四半期連結包括利益計算書である。

3　四半期財務諸表の性格付けについては、「実績主義」と「予測主義」という異なる考え方があるが、我が国では「実績主義」に基づいており、簡便的な会計処理は認められていない。

4　包括利益の計算は、当期純利益からの調整計算により示すこととなるが、これは定義に従った計算過程と同様である。

5　当期に株式併合または株式分割が行われた場合、1株当たり当期純利益の算定上、普通株式の期中平均株式数は、表示する財務諸表のうち、最も古い期間の期首に当該株式併合または株式分割が行われたと仮定する。

Check!
&
Check!

1 ◯

【セグメント情報等の開示に関する会計基準・3】　　　重要度 ★★☆

DATE
/
/
/

2 ✕

四半期連結財務諸表の範囲は、包括利益を2計算書方式により表示する場合、四半期連結貸借対照表、四半期連結損益計算書、四半期連結包括利益計算書および四半期連結キャッシュ・フロー計算書である。

【四半期財務諸表に関する会計基準・5】　　　重要度 ★★★

DATE
/
/
/

3 ✕

四半期財務諸表の性格付けについて、我が国では「実績主義」に基づいており、年度の財務諸表や中間財務諸表よりも開示の迅速性が求められている四半期財務諸表では、簡便的な会計処理が認められている。

【四半期財務諸表に関する会計基準・39、47】　　　重要度 ★★★

DATE
/
/
/

4 ✕

包括利益の計算は、当期純利益からの調整計算により示すこととなり、定義に従った計算過程とは異なる。

【包括利益の表示に関する会計基準・27】　　　重要度 ★★☆

DATE
/
/
/

5 ◯

【1株当たり当期純利益に関する会計基準・30-2】　　　重要度 ★☆☆

DATE
/
/
/

Questions
問題

以下の各問いについて考えなさい。

記述問題 1

Check!
&
Check!

DATE
/
/
/

資産負債アプローチの立場から、資産の概念について、簡潔に述べなさい。

資産とは、過去の取引または事象の結果として、報告主体が支配している経済的資源をいう。

【(討議資料)財務会計の概念フレームワーク第 3 章・4】　　　　　重要度★★★

記述問題 2

我が国の概念フレームワークにおいて重視されている財務報告の目的について説明しなさい。

　財務報告の目的は、投資家の意思決定に資するディスクロージャー制度の一環として、投資のポジションとその成果を測定して開示することである。

【（討議資料）財務会計の概念フレームワーク第 1 章・2】　　　　　　重要度★★★

◆工業簿記・原価計算基準編◆

Questions
問 題

| 以下の文章の（　）内に入る用語を考えなさい。

　わが国における原価計算は、従来、財務諸表を作成するに当たって（真実の原価）を正確に算定表示するとともに、価格計算に対して資料を提供することを主たる任務として成立し、発展してきた。

　しかしながら、近時、経営管理のため、とくに（業務計画および原価管理）に役立つための原価計算への要請は、著しく強まってきており、今日原価計算に対して与えられる目的は、単一でない。すなわち、企業の原価計算制度は、真実の原価を確定して（財務諸表の作成）に役立つとともに、原価を分析し、これを経営管理者に提供し、もって業務計画および原価管理に役立つことが必要とされている。したがって、原価計算制度は、各企業がそれに対して期待する役立ちの程度において重点の相違はあるが、いずれの計算目的にもともに役立つように形成され、一定の計算秩序として（常時継続的）に行なわれるものであることを要する。ここに原価計算に対して提起される諸目的を調整し、原価計算を制度化するため、（実践規範）としての原価計算基準が設定される必要がある。

　原価計算基準は、かかる実践規範として、わが国現在の企業における原価計算の慣行のうちから、一般に（公正妥当）と認められるところを要約して設定されたものである。

　しかしながら、この基準は、個々の企業の原価計算手続を画一に規定するものではなく、個々の企業が有効な原価計算手続を規定し実施するための基本的なわくを明らかにしたものである。したがって、企業が、その原価計算手続を規定するに当たっては、この基準が（弾力性）をもつものであることの理解のもとに、この基準にのっとり、業種、経営規模その他当該企業の個々の条件に応じて、実情に即するように適用されるべきものである。

　この基準は、（企業会計原則）の一環を成し、そのうちとくに原価

に関して規定したものである。それゆえ、すべての企業によって尊重
されるべきであるとともに、たな卸資産の評価、原価差額の処理など
企業の原価計算に関係ある事項について、法令の制定、改廃等が行な
われる場合にも、この基準が充分にしん酌されることが要望される。

昭和 37 年 11 月 8 日

企業会計審議会

Questions
問題

| 以下の文章の（　）内に入る用語を考えなさい。

1 原価計算の目的

原価計算には、各種の異なる目的が与えられるが、主たる目的は、次のとおりである。

(一) 企業の出資者、債権者、（経営者）等のために、過去の一定期間における損益ならびに期末における財政状態を（財務諸表）に表示するために必要な（真実の原価）を集計すること。

(二) （価格計算）に必要な原価資料を提供すること。

(三) 経営管理者の各階層に対して、（原価管理）に必要な原価資料を提供すること。ここに原価管理とは、原価の（標準）を設定してこれを指示し、原価の実際の発生額を計算記録し、これを（標準）と比較して、その差異の原因を分析し、これに関する資料を経営管理者に報告し、（原価能率）を増進する措置を講ずることをいう。

(四) （予算の編成）ならびに（予算統制）のために必要な原価資料を提供すること。ここに予算とは、予算期間における企業の各業務分野の具体的な計画を（貨幣的）に表示し、これを総合編成したものをいい、予算期間における企業の（利益目標）を指示し、各業務分野の諸活動を（調整）し、企業全般にわたる総合的管理の要具となるものである。予算は、業務執行に関する総合的な（期間計画）であるが、予算編成の過程は、たとえば製品組合せの決定、部品を自製するか外注するかの決定等個々の選択的事項に関する（意思決定）を含むことは、いうまでもない。

(五) 経営の（基本計画）を設定するに当たり、これに必要な原価情報を提供すること。ここに基本計画とは、経済の動態的変化に適応して、経営の（給付）目的たる製品、経営立地、生産設備等（経営構造）に関する基本的事項について、経営意思を決定し、経営構造を合理的に組成することをいい、随時的に行なわれる決定である。

Check!
&
Check!

DATE
/
/
/

2 原価計算制度

この基準において原価計算とは、（制度）としての原価計算をいう。原価計算制度は、財務諸表の作成、（原価管理）、予算統制等の異なる目的が、重点の相違はあるが相ともに達成されるべき一定の計算秩序である。かかるものとしての原価計算制度は、財務会計機構のらち外において（随時断片的）に行なわれる原価の統計的、技術的計算ないし調査ではなくて、財務会計機構と有機的に結びつき（常時継続的）に行なわれる計算体系である。原価計算制度は、この意味で（原価会計）にほかならない。

原価計算制度において計算される原価の種類およびこれと財務会計機構との結びつきは、単一でないが、しかし原価計算制度を大別して（実際原価計算制度）と（標準原価計算制度）とに分類することができる。

実際原価計算制度は、製品の（実際原価）を計算し、これを財務会計の主要帳簿に組み入れ、製品原価の計算と財務会計とが、（実際原価）をもって有機的に結合する原価計算制度である。原価管理上必要ある場合には、実際原価計算制度においても必要な原価の標準を（勘定組織）のわく外において設定し、これと実際との差異を分析し、報告することがある。

標準原価計算制度は、製品の（標準原価）を計算し、これを財務会計の主要帳簿に組み入れ、製品原価の計算と財務会計とが、（標準原価）をもって有機的に結合する原価計算制度である。標準原価計算制度は、必要な計算段階において（実際原価）を計算し、これと標準との差異を分析し、報告する計算体系である。

企業が、この基準にのっとって、原価計算を実施するに当たっては、上述の意味における実際原価計算制度又は標準原価計算制度のいずれかを、当該企業が原価計算を行なう目的の重点、その他企業の個々の条件に応じて適用するものとする。

広い意味での原価の計算には、原価計算制度以外に、経営の基本計画および予算編成における選択的事項の決定に必要な特殊の原価たとえば（差額原価）、（機会原価）、付加原価等を、随時に統計的、技術的に調査測定することも含まれる。しかしかかる（特殊原価調査）は、制度としての原価計算の範囲外に属するものとして、この基準には含めない。

Check!
&
Check!

DATE
／
／
／

3　原価の本質

原価計算制度において、原価とは、経営における（一定の給付）にかかわらせて、は握された財貨又は用役（以下これを「財貨」という。）の消費を、（貨幣価値的）に表わしたものである。

㈠　原価は、（経済価値）の消費である。経営の活動は、一定の財貨を生産し販売することを目的とし、一定の財貨を作り出すために、必要な財貨すなわち（経済価値）を消費する過程である。原価とは、かかる経営過程における価値の消費を意味する。

㈡　原価は、経営において作り出された一定の給付に転嫁される価値であり、その給付にかかわらせて、は握されたものである。ここに給付とは、（経営）が作り出す（財貨）をいい、それは経営の最終給付のみでなく、中間的給付をも意味する。

㈢　原価は、（経営目的）に関連したものである。経営の目的は、一定の財貨を生産し販売することにあり、経営過程は、このための価値の消費と生成の過程である。原価は、かかる財貨の生産、販売に関して消費された経済価値であり、（経営目的）に関連しない価値の消費を含まない。（財務活動）は、財貨の生成および消費の過程たる経営過程以外の、資本の調達、返還、利益処分等の活動であり、したがってこれに関する費用たるいわゆる（財務費用）は、原則として原価を構成しない。

㈣　原価は、（正常）的なものである。原価は、（正常）な状態のもとにおける経営活動を前提として、は握された価値の消費であり、（異常）な状態を原因とする価値の減少を含まない。

Check!
&
Check!

DATE
/
/
/

4　原価の諸概念

　　原価計算制度においては、原価の本質的規定にしたがい、さらに各種の目的に規定されて、具体的には次のような諸種の（原価概念）が生ずる。

㈠　実際原価と標準原価

　　原価は、その（消費量）および（価格）の算定基準を異にするにしたがって、実際原価と標準原価とに区別される。

　1　実際原価とは、財貨の（実際消費量）をもって計算した原価をいう。ただし、その（実際消費量）は、経営の（正常）な状態を前提とするものであり、したがって、（異常）な状態を原因とする異常な消費量は、実際原価の計算においてもこれを実際消費量と解さないものとする。

　　　実際原価は、厳密には実際の（取得価格）をもって計算した原価の（実際発生額）であるが、原価を（予定価格）等をもって計算しても、（消費量）を実際によって計算する限り、それは実際原価の計算である。ここに（予定価格）とは、将来の一定期間における実際の取得価格を予想することによって定めた価格をいう。

　2　標準原価とは、財貨の（消費量）を科学的、統計的調査に基づいて（能率の尺度）となるように予定し、かつ、予定価格又は（正常価格）をもって計算した原価をいう。この場合、（能率の尺度）としての標準とは、その標準が適用される期間において達成されるべき原価の（目標）を意味する。

　　　標準原価計算制度において用いられる標準原価は、（現実的標準原価）又は（正常原価）である。

　　　現実的標準原価とは、良好な能率のもとにおいて、その達成が期待されうる標準原価をいい、通常生ずると認められる程度の減損、仕損、遊休時間等の余裕率を含む原価であり、かつ、比較的短期における（予定操業度）および（予定価格）を前提として決定され、これら諸条件の変化に伴い、しばしば改訂される標準原価である。現実的標準原価は、（原価管理）に最も

適するのみでなく、たな卸資産価額の算定および予算の編成のためにも用いられる。

正常原価とは、経営における（異常な状態）を排除し、経営活動に関する比較的長期にわたる過去の実際数値を統計的に平準化し、これに将来の（すう勢）を加味した正常能率、（正常操業度）および（正常価格）に基づいて決定される原価をいう。正常原価は、経済状態の安定している場合に、（たな卸資産価額）の算定のために最も適するのみでなく、原価管理のための標準としても用いられる。

標準原価として、実務上予定原価が意味される場合がある。予定原価とは、将来における財貨の（予定消費量）と（予定価格）とをもって計算した原価をいう。予定原価は、（予算の編成）に適するのみでなく、原価管理およびたな卸資産価額の算定のためにも用いられる。

原価管理のために時として理想標準原価が用いられることがあるが、かかる標準原価は、この基準にいう（制度）としての標準原価ではない。理想標準原価とは、技術的に達成可能な（最大操業度）のもとにおいて、（最高能率）を表わす（最低の原価）をいい、財貨の消費における減損、仕損、遊休時間等に対する余裕率を許容しない理想的水準における標準原価である。

(二) 製品原価と期間原価

原価は、財務諸表上（収益）との対応関係に基づいて、製品原価と期間原価とに区別される。

製品原価とは、一定単位の（製品）に集計された原価をいい、期間原価とは、一定期間における（発生額）を、当期の収益に直接対応させて、は握した原価をいう。

製品原価と期間原価との範囲の区別は相対的であるが、通常、売上品および（たな卸資産）の価額を構成する全部の製造原価を（製品原価）とし、販売費および一般管理費は、これを（期間原価）とする。

㈢　全部原価と部分原価

　原価は、集計される（原価の範囲）によって、全部原価と部分原価とに区別される。

　全部原価とは、一定の給付に対して生ずる（全部の製造原価）又はこれに（販売費および一般管理費）を加えて集計したものをいい、部分原価とは、そのうち一部分のみを集計したものをいう。

　部分原価は、計算目的によって各種のものを計算することができるが、最も重要な部分原価は、変動直接費および（変動間接費）のみを集計した（直接原価）（変動原価）である。

5 非原価項目

　非原価項目とは、原価計算制度において、（原価）に算入しない項目をいい、おおむね次のような項目である。

(一)　（経営目的）に関連しない価値の減少、たとえば

　1　次の資産に関する減価償却費、管理費、租税等の費用

　　(1)　投資資産たる不動産、有価証券、貸付金等

　　(2)　未稼動の固定資産

　　(3)　長期にわたり休止している設備

　　(4)　その他経営目的に関連しない資産

　2　寄付金等であって経営目的に関連しない支出

　3　支払利息、割引料、社債発行割引料償却、社債発行費償却、株式発行費償却、設立費償却、開業費償却、支払保証料等の財務費用

　4　有価証券の評価損および売却損

(二)　（異常）な状態を原因とする価値の減少、たとえば

　1　異常な仕損、減損、たな卸減耗等

　2　火災、震災、風水害、盗難、争議等の偶発的事故による損失

　3　予期し得ない陳腐化等によって固定資産に著しい減価を生じた場合の臨時償却費

　4　延滞償金、違約金、罰課金、損害賠償金

　5　偶発債務損失

　6　訴訟費

　7　臨時多額の退職手当

　8　固定資産売却損および除却損

　9　異常な貸倒損失

(三)　税法上とくに認められている（損金）算入項目、たとえば

　1　価格変動準備金繰入額

　2　租税特別措置法による償却額のうち通常の償却範囲額をこえる額

(四)　その他の（利益剰余金）に課する項目、たとえば

　1　法人税、所得税、都道府県民税、市町村民税

Check!
&
Check!

DATE
/
/
/

2　配当金
3　役員賞与金
4　任意積立金繰入額
5　建設利息償却

6 **原価計算の一般的基準**

原価計算制度においては、次の一般的基準にしたがって原価を計算する。

㈠ 財務諸表の作成に役立つために、

1 原価計算は、原価を一定の給付にかかわらせて集計し、（製品原価）および（期間原価）を計算する。すなわち、原価計算は原則として

(1) すべての製造原価要素を（製品）に集計し、損益計算書上売上品の製造原価を売上高に対応させ、貸借対照表上仕掛品、半製品、製品等の製造原価を（たな卸資産）として計上することを可能にさせ、

(2) また、販売費および一般管理費を計算し、これを損益計算書上（期間原価）として当該期間の売上高に対応させる。

2 原価の数値は、（財務会計）の原始記録、信頼しうる統計資料等によって、その（信ぴょう性）が確保されるものでなければならない。このため原価計算は、原則として（実際原価）を計算する。この場合、実際原価を計算することは、必ずしも原価を（取得価格）をもって計算することを意味しないで、（予定価格）等をもって計算することもできる。また必要ある場合には、製品原価を（標準原価）をもって計算し、これを財務諸表に提供することもできる。

3 原価計算において、原価を（予定価格）等又は（標準原価）をもって計算する場合には、これと原価の実際発生額との差異は、これを財務会計上適正に処理しなければならない。

4 原価計算は、（財務会計）機構と有機的に結合して行なわれるものとする。このために勘定組織には、原価に関する細分記録を統括する諸勘定を設ける。

㈡ 原価管理に役立つために、

5 原価計算は、経営における管理の（権限と責任）の委譲を前提とし、作業区分等に基づく（部門）を管理責任の区分とし、各部門における作業の原価を計算し、各管理区分における（原

価発生の責任）を明らかにさせる。

6　原価計算は、原価要素を、（機能）別に、また直接費と間接費、固定費と変動費、管理可能費と管理不能費の区分に基づいて分類し、計算する。

7　原価計算は、（原価の標準）の設定、指示から原価の報告に至るまでのすべての計算過程を通じて、原価の（物量）を測定表示することに重点をおく。

8　原価の標準は、原価発生の（責任）を明らかにし、（原価能率）を判定する尺度として、これを設定する。原価の標準は、過去の（実際原価）をもってすることができるが、理想的には、（標準原価）として設定する。

9　原価計算は、原価の実績を、標準と対照比較しうるように計算記録する。

10　原価の標準と実績との差異は、これを分析し、報告する。

11　原価計算は、原価管理の必要性に応じて、重点的、経済的に、かつ、（迅速）にこれを行なう。

㈢　予算とくに費用予算の編成ならびに予算統制に役立つために、

12　原価計算は、予算期間において期待されうる条件に基づく（予定原価）又は標準原価を計算し、予算とくに、（費用予算）の編成に資料を提供するとともに、予算と対照比較しうるように原価の実績を計算し、もって（予算統制）に資料を提供する。

Check!
&
Check!

DATE
　　／
　　／
　　／

Questions
問 題

以下の文章の（　）内に入る用語を考えなさい。

7　実際原価の計算手続

　実際原価の計算においては、製造原価は、原則として、その実際発生額を、まず（費目別）に計算し、次いで原価（部門別）に計算し、最後に（製品別）に集計する。販売費および一般管理費は、原則として、一定期間における実際発生額を、（費目別）に計算する。

第1節　製造原価要素の分類基準

8　製造原価要素の分類基準

　原価要素は、製造原価要素と（販売費および一般管理費）の要素に分類する。

　製造原価要素を分類する基準は次のようである。

(一)　形態別分類

　形態別分類とは、（財務会計）における費用の発生を基礎とする分類、すなわち（原価発生の形態）による分類であり、原価要素は、この分類基準によってこれを（材料費）、（労務費）および（経費）に属する各費目に分類する。

　材料費とは、（物品の消費）によって生ずる原価をいい、おおむね次のように細分する。

1　素材費（又は原料費）

2　買入部品費

3　燃料費

4　工場消耗品費

5　消耗工具器具備品費

　労務費とは、（労働用役の消費）によって生ずる原価をいい、おおむね次のように細分する。

1　賃金（基本給のほか割増賃金を含む。）

2　給料

3　雑給

4　従業員賞与手当

5　退職給与引当金繰入額

6　福利費（健康保険料負担金等）

　経費とは、材料費、労務費以外の原価要素をいい、減価償却費、たな卸減耗費および福利施設負担額、賃借料、修繕料、電力料、旅費交通費等の（諸支払経費）に細分する。

　原価要素の形態別分類は、財務会計における（費用の発生）を基礎とする分類であるから、原価計算は、財務会計から原価に関するこの形態別分類による基礎資料を受け取り、これに基づいて原価を計算する。この意味でこの分類は、原価に関する（基礎的）分類であり、原価計算と財務会計との関連上重要である。

(二)　機能別分類

　機能別分類とは、原価が経営上のいかなる（機能）のために発生したかによる分類であり、原価要素は、この分類基準によってこれを機能別に分類する。この分類基準によれば、たとえば、材料費は、主要材料費、および修繕材料費、試験研究材料費等の（補助材料費）、ならびに（工場消耗品費）等に、賃金は、作業種類別直接賃金、間接作業賃金、（手待賃金）等に、経費は、各部門の機能別経費に分類される。

(三)　製品との関連における分類

　製品との関連における分類とは、製品に対する（原価発生の態様）、すなわち原価の発生が一定単位の製品の生成に関して直接的に認識されるかどうかの性質上の区別による分類であり、原価要素は、この分類基準によってこれを（直接費）と（間接費）とに分類する。

1　（直接費）は、これを直接材料費、直接労務費および直接経費に分類し、さらに適当に細分する。

2　（間接費）は、これを間接材料費、間接労務費および間接経費に分類し、さらに適当に細分する。

　　必要ある場合には、直接労務費と製造間接費とを合わせ、又は直接材料費以外の原価要素を総括して、これを（加工費）として分類することができる。

㈣　操業度との関連における分類

　　操業度との関連における分類とは、操業度の増減に対する（原価発生の態様）による分類であり、原価要素は、この分類基準によってこれを（固定費）と（変動費）とに分類する。ここに操業度とは、生産設備を一定とした場合におけるその（利用度）をいう。（固定費）とは、操業度の増減にかかわらず変化しない原価要素をいい、（変動費）とは、操業度の増減に応じて比例的に増減する原価要素をいう。

　　ある範囲内の操業度の変化では固定的であり、これをこえると急増し、再び固定化する原価要素たとえば監督者給料等、又は操業度が零の場合にも一定額が発生し、同時に操業度の増加に応じて比例的に増加する原価要素たとえば電力料等は、これを（準固定費）又は（準変動費）となづける。

　　（準固定費）又は（準変動費）は、固定費又は変動費とみなして、これをそのいずれかに帰属させるか、もしくは固定費と変動費とが合成されたものであると解し、これを固定費の部分と変動費の部分とに分解する。

㈤　原価の管理可能性に基づく分類

　　原価の管理可能性に基づく分類とは、原価の発生が（一定の管理者層）によって管理しうるかどうかの分類であり、原価要素は、この分類基準によってこれを（管理可能費）と（管理不能費）とに分類する。下級管理者層にとって（管理不能費）であるものも、上級管理者層にとっては（管理可能費）となることがある。

第2節　原価の費目別計算

9　原価の費目別計算

　　原価の費目別計算とは、一定期間における原価要素を費目別に分類測定する手続をいい、（財務会計）における費用計算であると同時に、原価計算における（第一次）の計算段階である。

10　費目別計算における原価要素の分類

　　費目別計算においては、原価要素を、原則として、（形態別）分類を基礎とし、これを直接費と間接費とに大別し、さらに必要に応じ（機能別）分類を加味して、たとえば次のように分類する。

　直接費

　　直接材料費

　　　主要材料費（原料費）　　買入部品費

　　直接労務費

　　　直接賃金（必要ある場合には作業種類別に細分する。）

　　直接経費

　　　外注加工賃

　間接費

　　間接材料費

　　　補助材料費　　工場消耗品費　　消耗工具器具備品費

　　間接労務費

　　　間接作業賃金　　間接工賃金　　手待賃金　　休業賃金

　　　給　料　　従業員賞与手当　　退職給与引当金繰入額

　　　福利費（健康保険料負担金等）

　　間接経費

　　　福利施設負担額　　厚生費　　減価償却費　　賃借料

　　　保険料　　修繕料　　電力料　　ガス代　　水道料

　　　租税公課　　旅費交通費　　通信費　　保管料

　　　たな卸減耗費　　雑費

　　間接経費は、原則として形態別に分類するが、必要に応じ修繕費、運搬費等の（複合費）を設定することができる。

11 材料費計算

㈠ 直接材料費、補助材料費等であって、（出入記録）を行なう材料に関する原価は、各種の材料につき原価計算期間における実際の消費量に、その消費価格を乗じて計算する。

㈡ 材料の実際の消費量は、原則として（継続記録法）によって計算する。ただし、材料であって、その消費量を（継続記録法）によって計算することが困難なもの又はその必要のないものについては、（たな卸計算法）を適用することができる。

㈢ 材料の消費価格は、原則として（購入原価）をもって計算する。
　同種材料の購入原価が異なる場合、その消費価格の計算は、次のような方法による。

　1　先入先出法
　2　移動平均法
　3　総平均法
　4　後入先出法
　5　個別法

　材料の消費価格は、必要ある場合には、（予定価格）等をもって計算することができる。

㈣ 材料の購入原価は、原則として実際の購入原価とし、次のいずれかの金額によって計算する。

　1　（購入代価）に買入手数料、引取運賃、荷役費、保険料、関税等材料買入に要した（引取費用）を加算した金額

　2　（購入代価）に引取費用ならびに購入事務、検収、整理、選別、手入、保管等に要した費用（引取費用と合わせて以下これを「（材料副費）」という。）を加算した金額。ただし、必要ある場合には、引取費用以外の（材料副費）の一部を（購入代価）に加算しないことができる。

　購入代価に加算する材料副費の一部又は全部は、これを（予定配賦率）によって計算することができる。予定配賦率は、一定期間の材料副費の予定総額を、その期間における材料の（予定購入代価）又は（予定購入数量）の総額をもって除して算定する。

　　ただし、購入事務費、検収費、整理費、選別費、手入費、保管
費等については、それぞれに適当な予定配賦率を設定することが
できる。

　　材料副費の一部を材料の購入原価に算入しない場合には、これ
を（間接経費）に属する項目とし又は（材料費）に配賦する。

　　購入した材料に対して値引又は割戻等を受けたときは、これを
材料の購入原価から控除する。ただし、値引又は割戻等が材料消
費後に判明した場合には、これを同種材料の購入原価から控除し、
値引又は割戻等を受けた材料が判明しない場合には、これを当期
の（材料副費）等から控除し、又はその他適当な方法によって処
理することができる。

　　材料の購入原価は、必要ある場合には、（予定価格）等をもっ
て計算することができる。

　　他工場からの振替製品の受入価格は、必要ある場合には、（正
常市価）によることができる。

（五）　間接材料費であって、工場消耗品、消耗工具器具備品等、継続
記録法又はたな卸計算法による出入記録を行なわないものの原価
は、原則として当該原価計算期間における（買入額）をもって計
算する。

12　労務費計算

（一）　直接賃金等であって、作業時間又は作業量の測定を行なう労務
費は、実際の作業時間又は作業量に賃率を乗じて計算する。賃率
は、実際の（個別）賃率又は、職場もしくは作業区分ごとの（平
均）賃率による。（平均）賃率は、必要ある場合には、（予定平均）
賃率をもって計算することができる。

　　直接賃金等は、必要ある場合には、当該原価計算期間の負担に
属する（要支払額）をもって計算することができる。

（二）　間接労務費であって、間接工賃金、給料、賞与手当等は、原則
として当該原価計算期間の負担に属する（要支払額）をもって計
算する。

13 経費計算

㈠ 経費は、原則として当該原価計算期間の実際の(発生額)をもって計算する。ただし、必要ある場合には、予定価格又は予定額をもって計算することができる。

㈡ 減価償却費、不動産賃借料等であって、数ヵ月分を一時に総括的に計算し又は支払う経費については、これを（月割り）計算する。

㈢ 電力料、ガス代、水道料等であって、消費量を（計量）できる経費については、その実際消費量に基づいて計算する。

14 費目別計算における予定価格等の適用

費目別計算において一定期間における原価要素の発生を測定するに当たり、予定価格等を適用する場合には、これをその適用される期間における実際価格にできる限り近似させ、（価格差異）をなるべく僅少にするように定める。

第 3 節　原価の部門別計算

15　原価の部門別計算

　　原価の部門別計算とは、費目別計算においては握された原価要素
を、（原価部門別）に分類集計する手続をいい、原価計算における
（第二次）の計算段階である。

16　原価部門の設定

　　原価部門とは、原価の発生を（機能）別、（責任区分）別に管理
するとともに、製品原価の計算を正確にするために、原価要素を分
類集計する（計算組織上）の区分をいい、これを諸製造部門と諸補
助部門とに分ける。製造および補助の諸部門は、次の基準により、
かつ、経営の特質に応じて適当にこれを区分設定する。

(一)　製造部門

　　製造部門とは、直接製造作業の行なわれる部門をいい、製品の
種類別、製品生成の段階、製造活動の種類別等にしたがって、こ
れを各種の部門又は（工程）に分ける。たとえば機械製作工場に
おける鋳造、鍛造、機械加工、組立等の各部門はその例である。

　　副産物の加工、包装品の製造等を行なういわゆる（副経営）は、
これを製造部門とする。

　　製造に関する諸部門は、必要ある場合には、さらに機械設備の
種類、作業区分等にしたがって、これを各（小工程）又は各作業
単位に細分する。

(二)　補助部門

　　補助部門とは、製造部門に対して補助的関係にある部門をいい、
これを（補助経営）部門と（工場管理）部門とに分け、さらに機
能の種類別等にしたがって、これを各種の部門に分ける。

　　（補助経営）部門とは、その事業の目的とする製品の生産に直
接関与しないで、自己の製品又は用役を製造部門に提供する諸部
門をいい、たとえば動力部、修繕部、運搬部、工具製作部、検査
部等がそれである。

工具製作、修繕、動力等の（補助経営）部門が相当の規模となった場合には、これを独立の経営単位とし、計算上製造部門として取り扱う。

（工場管理）部門とは、管理的機能を行なう諸部門をいい、たとえば材料部、労務部、企画部、試験研究部、工場事務部等がそれである。

17 部門個別費と部門共通費

原価要素は、これを原価部門に分類集計するに当たり、当該部門において発生したことが直接的に認識されるかどうかによって、（部門個別費）と（部門共通費）とに分類する。

部門個別費は、原価部門における発生額を直接に当該部門に（賦課）し、部門共通費は、原価要素別に又はその性質に基づいて分類された原価要素群別にもしくは一括して、適当な配賦基準によって関係各部門に（配賦）する。部門共通費であって工場全般に関して発生し、適当な配賦基準の得がたいものは、これを（一般費）とし、（補助部門費）として処理することができる。

18 部門別計算の手続

㈠ 原価要素の全部又は一部は、まずこれを各製造部門および補助部門に賦課又は配賦する。この場合、部門に集計する原価要素の範囲は、製品原価の正確な計算および（原価管理）の必要によってこれを定める。たとえば、（個別原価計算）においては、製造間接費のほか、直接労務費をも製造部門に集計することがあり、（総合原価計算）においては、すべての製造原価要素又は加工費を製造部門に集計することがある。

各部門に集計された原価要素は、必要ある場合には、これを変動費と固定費又は管理可能費と管理不能費とに区分する。

㈡ 次いで補助部門費は、直接配賦法、（階梯式配賦法）、相互配賦法等にしたがい、適当な配賦基準によって、これを各製造部門に配賦し、製造部門費を計算する。

　　　一部の補助部門費は、必要ある場合には、これを製造部門に配
　賦しないで直接に製品に配賦することができる。

㈢　製造部門に集計された原価要素は、必要に応じさらにこれをそ
　の部門における小工程又は作業単位に集計する。この場合、小工
　程又は作業単位には、その小工程等において管理可能の原価要素
　又は（直接労務費）のみを集計し、そうでないものは共通費およ
　び他部門配賦費とする。

第4節　原価の製品別計算

19　原価の製品別計算および原価単位

原価の製品別計算とは、原価要素を一定の製品単位に集計し、（単位製品）の製造原価を算定する手続をいい、原価計算における（第三次）の計算段階である。

製品別計算のためには、原価を集計する一定の（製品単位）すなわち原価単位を定める。原価単位は、これを個数、時間数、（度量衡）単位等をもって示し、業種の特質に応じて適当に定める。

20　製品別計算の形態

製品別計算は、経営における生産形態の種類別に対応して、これを次のような類型に区分する。

(一)　単純総合原価計算
(二)　等級別総合原価計算
(三)　組別総合原価計算
(四)　個別原価計算

21　単純総合原価計算

単純総合原価計算は、（同種製品）を反復連続的に生産する生産形態に適用する。単純総合原価計算にあっては、一原価計算期間（以下これを「一期間」という。）に発生したすべての原価要素を集計して（当期製造費用）を求め、これに期首仕掛品原価を加え、この合計額（以下これを「総製造費用」という。）を、完成品と期末仕掛品とに分割計算することにより、（完成品総合原価）を計算し、これを製品単位に均分して単位原価を計算する。

22　等級別総合原価計算

等級別総合原価計算は、（同一工程）において、同種製品を連続生産するが、その製品を形状、大きさ、品位等によって（等級）に区別する場合に適用する。

　等級別総合原価計算にあっては、各等級製品について適当な（等価係数）を定め、一期間における完成品の総合原価又は一期間の製造費用を（等価係数）に基づき各等級製品にあん分してその製品原価を計算する。

　等価係数の算定およびこれに基づく等級製品原価の計算は、次のいずれかの方法による。

㈠　各等級製品の重量、長さ、面積、純分度、熱量、硬度等（原価の発生）と関連ある（製品の諸性質）に基づいて等価係数を算定し、これを各等級製品の一期間における生産量に乗じた（積数）の比をもって、一期間の（完成品）の総合原価を一括的に各等級製品にあん分してその製品原価を計算し、これを製品単位に均分して単位原価を計算する。

㈡　一期間の製造費用を構成する各原価要素につき、又はその性質に基づいて分類された数個の原価要素群につき、各等級製品の標準材料消費量、標準作業時間等各原価要素又は（原価要素群の発生）と関連ある（物量的数値）等に基づき、それぞれの等価係数を算定し、これを各等級製品の一期間における生産量に乗じた（積数）の比をもって、各原価要素又は原価要素群をあん分して、各等級製品の一期間の製造費用を計算し、この製造費用と各等級製品の期首仕掛品原価とを、当期における各等級製品の完成品とその期末仕掛品とに分割することにより、当期における各等級製品の総合原価を計算し、これを製品単位に均分して単位原価を計算する。

　この場合、原価要素別又は原価要素群別に定めた等価係数を個別的に適用しないで、各原価要素又は原価要素群の重要性を加味して総括し、この（総括的等価係数）に基づいて、一期間の完成品の総合原価を一括的に各等級製品にあん分して、その製品原価を計算することができる。

Check!
&
Check!

DATE
／
／
／

23　組別総合原価計算
　組別総合原価計算は、（異種製品）を組別に連続生産する生産形

態に適用する。

　組別総合原価計算にあっては、一期間の製造費用を（組直接費）
と（組間接費）又は原料費と加工費とに分け、個別原価計算に準じ、
（組直接費）又は原料費は、各組の製品に（賦課）し、（組間接費）
又は加工費は、適当な配賦基準により各組に（配賦）する。次いで
一期間における組別の製造費用と期首仕掛品原価とを、当期におけ
る組別の完成品とその期末仕掛品とに分割することにより、当期に
おける組別の完成品総合原価を計算し、これを製品単位に均分して
単位原価を計算する。

24　総合原価計算における完成品総合原価と期末仕掛品原価

　単純総合原価計算、等級別総合原価計算および組別総合原価計算
は、いずれも原価集計の単位が（期間生産量）であることを特質と
する。すなわち、いずれも（継続製造指図書）に基づき、一期間に
おける生産量について（総製造費用）を算定し、これを期間生産量
に分割負担させることによって完成品総合原価を計算する点におい
て共通する。したがって、これらの原価計算を総合原価計算の（形
態）と総称する。

　総合原価計算における完成品総合原価と期末仕掛品原価は、次の
手続により算定する。

㈠　まず、当期製造費用および期首仕掛品原価を、原則として直接
　材料費と加工費とに分け、期末仕掛品の（完成品換算量）を直接
　材料費と加工費とについて算定する。

　　期末仕掛品の（完成品換算量）は、直接材料費については、期
　末仕掛品に含まれる直接材料消費量の完成品に含まれるそれに対
　する比率を算定し、これを期末仕掛品現在量に乗じて計算する。
　加工費については、期末仕掛品の（仕上り程度）の完成品に対す
　る比率を算定し、これを期末仕掛品現在量に乗じて計算する。

㈡　次いで、当期製造費用および期首仕掛品原価を、次のいずれか
　の方法により、完成品と期末仕掛品とに分割して、完成品総合原
　価と期末仕掛品原価とを計算する。

1　当期の（直接材料費総額）（期首仕掛品および当期製造費用中に含まれる直接材料費の合計額）および当期の（加工費総額）（期首仕掛品および当期製造費用中に含まれる加工費の合計額）を、それぞれ完成品数量と期末仕掛品の完成品換算量との比により完成品と期末仕掛品とにあん分して、それぞれ両者に含まれる直接材料費と加工費とを算定し、これをそれぞれ合計して完成品総合原価および期末仕掛品原価を算定する（（平均法））。

2　期首仕掛品原価は、すべてこれを（完成品の原価）に算入し、当期製造費用を、完成品数量から（期首仕掛品）の完成品換算量を差し引いた数量と期末仕掛品の完成品換算量との比により、完成品と期末仕掛品とにあん分して完成品総合原価および期末仕掛品原価を算定する（（先入先出法））。

3　期末仕掛品の完成品換算量のうち、期首仕掛品の完成品換算量に相当する部分については、期首仕掛品原価をそのまま適用して評価し、これを超過する期末仕掛品の完成品換算量と完成品数量との比により、当期製造費用を期末仕掛品と完成品とにあん分し、期末仕掛品に対してあん分された額と期首仕掛品原価との合計額をもって、期末仕掛品原価とし、完成品にあん分された額を完成品総合原価とする（（後入先出法））。

4　前3号の方法において、加工費について期末仕掛品の完成品換算量を計算することが困難な場合には、当期の加工費総額は、すべてこれを（完成品）に負担させ、（期末仕掛品）は、直接材料費のみをもって計算することができる。

5　期末仕掛品は、必要ある場合には、（予定原価）又は（正常原価）をもって評価することができる。

6　期末仕掛品の数量が毎期ほぼ等しい場合には、総合原価の計算上これを無視し、（当期製造費用）をもってそのまま完成品総合原価とすることができる。

DATE
/
/
/

25 工程別総合原価計算

総合原価計算において、製造工程が2以上の連続する工程に分けられ、工程ごとにその工程製品の総合原価を計算する場合（この方法を「（工程別総合原価計算）」という。）には、一工程から次工程へ振り替えられた工程製品の総合原価を、（前工程費）又は原料費として次工程の製造費用に加算する。この場合、工程間に振り替えられる工程製品の計算は、（予定原価）又は（正常原価）によることができる。

26 加工費工程別総合原価計算

原料がすべて（最初の工程の始点）で投入され、その後の工程では、単にこれを加工するにすぎない場合には、各工程別に一期間の加工費を集計し、それに原料費を加算することにより、完成品総合原価を計算する。この方法を加工費工程別総合原価計算（（加工費法））という。

27 仕損および減損の処理

総合原価計算においては、仕損の費用は、原則として、特別に（仕損費）の費目を設けることをしないで、これをその期の完成品と期末仕掛品とに負担させる。

加工中に蒸発、粉散、ガス化、煙化等によって生ずる原料の（減損）の処理は、仕損に準ずる。

28 副産物等の処理と評価

総合原価計算において、副産物が生ずる場合には、その価額を算定して、これを（主産物）の総合原価から控除する。副産物とは、（主産物）の製造過程から（必然）に派生する物品をいう。

副産物の価額は、次のような方法によって算定した額とする。

(一) 副産物で、そのまま外部に売却できるものは、（見積売却価額）から販売費および一般管理費又は販売費、一般管理費および通常の（利益の見積額）を控除した額

㈡　副産物で、加工の上売却できるものは、加工製品の見積売却価額から（加工費）、販売費および一般管理費又は（加工費）、販売費、一般管理費および通常の（利益の見積額）を控除した額

㈢　副産物で、そのまま自家消費されるものは、これによって節約されるべき物品の（見積購入価額）

㈣　副産物で、加工の上自家消費されるものは、これによって節約されるべき物品の（見積購入価額）から（加工費）の見積額を控除した額

　　軽微な副産物は、前項の手続によらないで、これを売却して得た収入を、（原価計算外の収益）とすることができる。

（作業くず）、仕損品等の処理および評価は、副産物に準ずる。

29　連産品の計算

　　連産品とは、（同一工程）において（同一原料）から生産される（異種）の製品であって、相互に（主副）を明確に区別できないものをいう。連産品の価額は、連産品の（正常市価）等を基準として定めた（等価係数）に基づき、一期間の総合原価を連産品にあん分して計算する。この場合、連産品で、加工の上売却できるものは、加工製品の（見積売却価額）から（加工費）の見積額を控除した額をもって、その（正常市価）とみなし、等価係数算定の基礎とする。ただし、必要ある場合には、連産品の一種又は数種の価額を（副産物）に準じて計算し、これを一期間の総合原価から控除した額をもって、他の連産品の価額とすることができる。

30 総合原価計算における直接原価計算

総合原価計算において、必要ある場合には、一期間における製造費用のうち、（変動直接費）および（変動間接費）のみを部門に集計して部門費を計算し、これに期首仕掛品を加えて完成品と期末仕掛品とにあん分して製品の直接原価を計算し、（固定費）を製品に集計しないことができる。

この場合、会計年度末においては、当該会計期間に発生した（固定費）額は、これを期末の仕掛品および製品と当年度の売上品とに（配賦）する。

31 個別原価計算

個別原価計算は、種類を異にする製品を（個別的）に生産する生産形態に適用する。

個別原価計算にあっては、（特定製造指図書）について個別的に直接費および間接費を集計し、製品原価は、これを当該指図書に含まれる製品の（生産完了時）に算定する。

経営の目的とする製品の生産に際してのみでなく、自家用の建物、機械、工具等の製作又は、修繕、試験研究、試作、仕損品の（補修）、仕損による（代品）の製作等に際しても、これを（特定指図書）を発行して行なう場合は、個別原価計算の方法によってその原価を算定する。

32 直接費の賦課

個別原価計算における直接費は、発生のつど又は定期に整理分類して、これを当該指図書に賦課する。

㈠ 直接材料費は、当該指図書に関する（実際消費量）に、その消費価格を乗じて計算する。消費価格の計算は、第2節11の㈢に定めるところによる。

自家生産材料の消費価格は、（実際原価）又は予定価格等をもって計算する。

㈡　直接労務費は、当該指図書に関する（実際の作業時間）又は作業量に、その賃率を乗じて計算する。賃率の計算は、第2節12の㈠に定めるところによる。

㈢　直接経費は、原則として当該指図書に関する（実際発生額）をもって計算する。

33　間接費の配賦

㈠　個別原価計算における間接費は、原則として（部門間接費）として各指図書に配賦する。

㈡　間接費は、原則として（予定配賦率）をもって各指図書に配賦する。

㈢　部門間接費の予定配賦率は、一定期間における各部門の（間接費予定額）又は各部門の固定間接費予定額および変動間接費予定額を、それぞれ同期間における当該部門の（予定配賦基準）をもって除して算定する。

㈣　一定期間における各部門の間接費予定額又は各部門の固定間接費予定額および変動間接費予定額は、次のように計算する。

1　まず、間接費を固定費および変動費に分類して、（過去）におけるそれぞれの原価要素の実績をは握する。この場合、間接費を固定費と変動費とに分類するためには、間接費要素に関する各（費目）を調査し、（費目）によって固定費又は変動費のいずれかに分類する。（準固定費）又は（準変動費）は、実際値の変化の調査に基づき、これを固定費又は変動費とみなして、そのいずれかに帰属させるか、もしくはその固定費部分および変動費率を測定し、これを固定費と変動費とに分解する。

2　次に、（将来）における物価の変動予想を考慮して、これに修正を加える。

3　さらに固定費は、（設備計画）その他固定費に影響する計画の変更等を考慮し、変動費は、（製造条件）の変更等変動費に影響する条件の変化を考慮して、これを修正する。

4　変動費は、（予定操業度）に応ずるように、これを算定する。

㈤ 予定配賦率の計算の基礎となる（予定操業度）は、原則として、1年又は一会計期間において予期される操業度であり、それは、技術的に達成可能な（最大操業度）ではなく、この期間における生産ならびに（販売事情）を考慮して定めた操業度である。

　操業度は、原則として直接作業時間、機械運転時間、生産数量等（間接費）の発生と関連ある適当な（物量）基準によって、これを表示する。

　操業度は、原則としてこれを各（部門）に区分して測定表示する。

㈥ 部門間接費の各指図書への配賦額は、各製造部門又はこれを細分した各小工程又は各作業単位別に、次のいずれかによって計算する。

　1　間接費（予定）配賦率に、各指図書に関する（実際）の配賦基準を乗じて計算する。

　2　固定間接費（予定）配賦率および変動間接費（予定）配賦率に、それぞれ各指図書に関する（実際）の配賦基準を乗じて計算する。

㈦ 一部の補助部門費を製造部門に配賦しないで、直接に（指図書に配賦）する場合には、そのおのおのにつき適当な基準を定めてこれを配賦する。

34　加工費の配賦

　個別原価計算において、労働が機械作業と密接に結合して総合的な作業となり、そのため製品に賦課すべき（直接労務費）と（製造間接費）とを分離することが困難な場合その他必要ある場合には、加工費について部門別計算を行ない、部門加工費を各指図書に配賦することができる。部門加工費の指図書への配賦は、原則として予定配賦率による。予定加工費配賦率の計算は、予定（間接費）配賦率の計算に準ずる。

Check!
&
Check!

DATE
/
/
/

Check!
&
Check!

DATE
/
/
/

35 仕損費の計算および処理

個別原価計算において、仕損が発生する場合には、原則として次の手続により仕損費を計算する。

㈠ 仕損が補修によって回復でき、補修のために（補修指図書）を発行する場合には、（補修指図書）に集計された製造原価を仕損費とする。

㈡ 仕損が補修によって回復できず、（代品）を製作するために新たに製造指図書を発行する場合において

1 旧製造指図書の全部が仕損となったときは、（旧製造指図書）に集計された製造原価を仕損費とする。

2 旧製造指図書の一部が仕損となったときは、（新製造指図書）に集計された製造原価を仕損費とする。

㈢ 仕損の補修又は代品の製作のために別個の指図書を発行しない場合には、仕損の補修等に要する製造原価を見積ってこれを仕損費とする。

前記㈡又は㈢の場合において、仕損品が（売却価値）又は利用価値を有する場合には、その見積額を控除した額を仕損費とする。

（軽微な仕損）については、仕損費を計上しないで、単に仕損品の見積売却価額又は見積利用価額を、当該製造指図書に集計された（製造原価）から控除するにとどめることができる。

仕損費の処理は、次の方法のいずれかによる。

㈠ 仕損費の実際発生額又は見積額を、当該（指図書）に賦課する。

㈡ 仕損費を間接費とし、これを仕損の（発生部門）に賦課する。この場合、間接費の予定配賦率の計算において、当該製造部門の（予定間接費額）中に、仕損費の予定額を算入する。

36 作業くずの処理

個別原価計算において、作業くずは、これを総合原価計算の場合に準じて評価し、その発生部門の部門費から控除する。ただし、必要ある場合には、これを当該製造指図書の（直接材料費）又は（製造原価）から控除することができる。

第5節　販売費および一般管理費の計算

37　販売費および一般管理費要素の分類基準

販売費および一般管理費の要素を分類する基準は、次のようである。

㈠　形態別分類

販売費および一般管理費の要素は、この分類基準によって、たとえば、給料、賃金、消耗品費、減価償却費、賃借料、保険料、修繕料、電力料、租税公課、運賃、保管料、旅費交通費、通信費、広告料等にこれを分類する。

㈡　機能別分類

販売費および一般管理費の要素は、この分類基準によって、たとえば、広告宣伝費、出荷運送費、倉庫費、掛売集金費、販売調査費、販売事務費、企画費、技術研究費、経理費、重役室費等にこれを分類する。

この分類にさいしては、当該機能について発生したことが（直接的）に認識される要素を、は握して集計する。たとえば（広告宣伝費）には、広告宣伝係員の給料、賞与手当、見本費、広告設備減価償却費、新聞雑誌広告料、その他の広告料、通信費等が集計される。

㈢　直接費と間接費

販売費および一般管理費の要素は、（販売品種）等の区別に関連して、これを直接費と間接費とに分類する。

㈣　固定費と変動費

㈤　管理可能費と管理不能費

38　販売費および一般管理費の計算

販売費および一般管理費は、原則として、（形態別）分類を基礎とし、これを直接費と間接費とに大別し、さらに必要に応じ（機能別）分類を加味して分類し、一定期間の発生額を計算する。その計算は、製造原価の（費目別計算）に準ずる。

Check!
&
Check!

DATE
/
/
/

Check!
&
Check!

DATE
/
/
/

39　技術研究費

新製品又は新技術の開拓等の費用であって（企業全般）に関する
ものは、必要ある場合には、販売費および一般管理費と区別し別個
の項目として記載することができる。

Questions
問題

以下の文章の（　）内に入る用語を考えなさい。

40　標準原価算定の目的

標準原価算定の目的としては、おおむね次のものをあげることができる。

㈠　（原価管理）を効果的にするための原価の標準として標準原価を設定する。これは標準原価を設定する最も重要な目的である。

㈡　標準原価は、真実の原価として仕掛品、製品等の（たな卸資産価額）および（売上原価）の算定の基礎となる。

㈢　標準原価は、予算とくに（見積財務諸表）の作成に、信頼しうる基礎を提供する。

㈣　標準原価は、これを勘定組織の中に組み入れることによって、記帳を（簡略化）し、じん速化する。

DATE
/
/
/

41　標準原価の算定

標準原価は、直接材料費、直接労務費等の直接費および製造間接費について、さらに製品原価について算定する。

原価要素の標準は、原則として（物量）標準と（価格）標準との両面を考慮して算定する。

㈠　標準直接材料費

1　標準直接材料費は、直接材料の種類ごとに、製品単位当たりの標準消費量と標準価格とを定め、両者を乗じて算定する。

2　（標準消費量）については、製品の生産に必要な各種素材、部品等の種類、品質、加工の方法および順序等を定め、（科学的、統計的）調査により製品単位当たりの各種材料の標準消費量を定める。標準消費量は、通常生ずると認められる程度の（減損、仕損）等の消費余裕を含む。

3　標準価格は、予定価格又は正常価格とする。

㈡　標準直接労務費

1　標準直接労務費は、直接作業の区分ごとに、製品単位当たりの直接作業の標準時間と標準賃率とを定め、両者を乗じて算定する。

2　（標準直接作業時間）については、製品の生産に必要な作業の種類別、使用機械工具、作業の方式および順序、各作業に従事する労働の等級等を定め、作業研究、時間研究その他経営の実情に応ずる（科学的、統計的）調査により製品単位当たりの各区分作業の標準時間を定める。標準時間は、通常生ずると認められる程度の疲労、身体的必要、（手待）等の時間的余裕を含む。

3　標準賃率は、予定賃率又は正常賃率とする。

㈢　製造間接費の標準

製造間接費の標準は、これを部門別（又はこれを細分した作業単位別、以下これを「部門」という。）に算定する。部門別製造間接費の標準とは、一定期間において各部門に発生すべき製造間接費の予定額をいい、これを（部門間接費予算）として算定する。その算定方法は、第2章第4節33の㈣に定める実際原価の計算における部門別計算の手続に準ずる。部門間接費予算は、（固定予算）又は（変動予算）として設定する。

1　固定予算

製造間接費予算を、予算期間において予期される（一定の操業度）に基づいて算定する場合に、これを固定予算となづける。各部門別の固定予算は、一定の限度内において（原価管理）に役立つのみでなく、製品に対する（標準間接費配賦率）の算定の基礎となる。

2　変動予算

製造間接費の（管理）をさらに有効にするために、変動予算を設定する。変動予算とは、製造間接費予算を、予算期間に予期される範囲内における（種々の操業度）に対応して算定した予算をいい、実際間接費額を当該操業度の予算と比較して、部

　門の（業績を管理）することを可能にする。
　　変動予算の算定は、（実査）法、（公式）法等による。
⑴　実査法による場合には、一定の基準となる操業度（以下こ
　れを「（基準操業度）」という。）を中心として、予期される
　範囲内の種々の操業度を、（一定間隔）に設け、各操業度に
　応ずる複数の製造間接費予算をあらかじめ（算定列記）する。
　この場合、各操業度に応ずる間接費予算額は、個々の間接費
　項目につき、各操業度における額を個別的に（実査して算定）
　する。この変動予算における基準操業度は、（固定予算）算
　定の基礎となる操業度である。
⑵　公式法による場合には、製造間接費要素を第2章第4節
　33の㈣に定める方法により（固定費）と（変動費）とに分
　け、（固定費）は、操業度の増減にかかわりなく一定とし、（変
　動費）は、操業度の増減との関連における各変動費要素又は
　変動費要素群の（変動費率）をあらかじめ測定しておき、こ
　れにそのつどの関係操業度を乗じて算定する。

㈣　標準製品原価
　　標準製品原価は、製品の一定単位につき標準直接材料費、標準
　直接労務費等を集計し、これに標準間接費配賦率に基づいて算定
　した標準間接費配賦額を加えて算定する。標準間接費配賦率は（固
　定予算）算定の基礎となる操業度ならびにこの操業度における（標
　準間接費）を基礎として算定する。
　　標準原価計算において（加工費）の配賦計算を行なう場合には、
　（部門加工費）の標準を定める。その算定は、製造間接費の標準
　の算定に準ずる。

42　標準原価の改訂
　　標準原価は、（原価管理）のためにも、（予算編成）のためにも、
　また、（たな卸資産価額）および（売上原価）算定のためにも、現
　状に即した標準でなければならないから、常にその適否を吟味し、

機械設備、生産方式等生産の基本条件ならびに材料価格、賃率等に重大な変化が生じた場合には、現状に即するようにこれを改訂する。

43 **標準原価の指示**

標準原価は、一定の文書に表示されて原価発生について責任をもつ各部署に指示されるとともに、この種の文書は、標準原価会計機構における（補助記録）となる。標準原価を指示する文書の種類、記載事項および様式は、経営の特質によって適当に定めるべきであるが、たとえば次のようである。

㈠ 標準製品原価表

標準製品原価表とは、製造指図書に指定された製品の一定単位当たりの標準原価を構成する各種直接材料費の標準、作業種類別の直接労務費の標準および部門別製造間接費配賦額の標準を（数量的）および（金額的）に表示指定する文書をいい、必要に応じ材料明細表、標準作業表等を付属させる。

㈡ 材料明細表

材料明細表とは、製品の一定単位の生産に必要な直接材料の種類、品質、その（標準消費数量）等を表示指定する文書をいう。

㈢ 標準作業表

標準作業表とは、製品の一定単位の生産に必要な区分作業の種類、作業部門、使用機械工具、作業の内容、労働等級、各区分作業の（標準時間）等を表示指定する文書をいう。

㈣ 製造間接費予算表

製造間接費予算表は、製造間接費予算を（費目別）に表示指定した（費目別）予算表と、これをさらに部門別に表示指定した部門別予算表とに分けられ、それぞれ予算期間の総額および各月別予算額を記載する。部門別予算表において、必要ある場合には、費目を（変動費）と（固定費）又は管理可能費と管理不能費とに区分表示する。

問題

以下の文章の（　）内に入る用語を考えなさい。

44　原価差異の算定および分析

　原価差異とは（実際原価計算制度）において、原価の一部を予定価格等をもって計算した場合における原価と実際発生額との間に生ずる差額、ならびに（標準原価計算制度）において、標準原価と実際発生額との間に生ずる差額（これを「標準差異」となづけることがある。）をいう。

　原価差異が生ずる場合には、その大きさを算定記録し、これを（分析）する。その目的は、原価差異を財務会計上適正に処理して（製品原価）および（損益）を確定するとともに、その分析結果を各階層の経営管理者に提供することによって、（原価の管理）に資することにある。

45　実際原価計算制度における原価差異

　実際原価計算制度において生ずる主要な原価差異は、おおむね次のように分けて算定する。

　㈠　材料副費配賦差異

　　　材料副費配賦差異とは、（材料副費）の一部又は全部を予定配賦率をもって材料の（購入原価）に算入することによって生ずる原価差異をいい、一期間におけるその（材料副費）の配賦額と実際額との差額として算定する。

　㈡　材料受入価格差異

　　　材料受入価格差異とは、材料の（受入価格）を予定価格等をもって計算することによって生ずる原価差異をいい、一期間におけるその材料の（受入金額）と実際受入金額との差額として算定する。

　㈢　材料消費価格差異

　　　材料消費価格差異とは、材料の（消費価格）を予定価格等をもっ

て計算することによって生ずる原価差異をいい、一期間における
その（材料費額）と実際発生額との差額として算定する。

㈣　賃率差異

　　賃率差異とは、（労務費）を予定賃率をもって計算することに
よって生ずる原価差異をいい、一期間におけるその（労務費額）
と実際発生額との差額として算定する。

㈤　製造間接費配賦差異

　　製造間接費配賦差異とは、（製造間接費）を予定配賦率をもっ
て製品に配賦することによって生ずる原価差異をいい、一期間に
おけるその（製造間接費の配賦額）と実際額との差額として算定
する。

㈥　加工費配賦差異

　　加工費配賦差異とは、（部門加工費）を予定配賦率をもって製
品に配賦することによって生ずる原価差異をいい、一期間におけ
るその（加工費の配賦額）と実際額との差額として算定する。

㈦　補助部門費配賦差異

　　補助部門費配賦差異とは、（補助部門費）を予定配賦率をもっ
て製造部門に配賦することによって生ずる原価差異をいい、一期
間におけるその（補助部門費の配賦額）と実際額との差額として
算定する。

㈧　振替差異

　　振替差異とは、工程間に振り替えられる（工程製品）の価額を
予定原価又は正常原価をもって計算することによって生ずる原価
差異をいい、一期間におけるその（工程製品の振替価額）と実際
額との差額として算定する。

Check!
&
Check!

DATE
／
／
／

46　標準原価計算制度における原価差異

標準原価計算制度において生ずる主要な原価差異は、材料受入価額、直接材料費、直接労務費および製造間接費のおのおのにつき、おおむね次のように算定分析する。

㈠　材料受入価格差異

材料受入価格差異とは、材料の（受入価格）を標準価格をもって計算することによって生ずる原価差異をいい、標準受入価格と実際受入価格との差異に、（実際受入数量）を乗じて算定する。

㈡　直接材料費差異

直接材料費差異とは、標準原価による直接材料費と直接材料費の実際発生額との差額をいい、これを（材料種類別）に価格差異と数量差異とに分析する。

1　価格差異とは、材料の標準消費価格と実際消費価格との差異に基づく直接材料費差異をいい、直接材料の標準消費価格と実際消費価格との差異に、（実際消費数量）を乗じて算定する。

2　数量差異とは、材料の標準消費数量と実際消費数量との差異に基づく直接材料費差異をいい、直接材料の標準消費数量と実際消費数量との差異に、（標準消費価格）を乗じて算定する。

㈢　直接労務費差異

直接労務費差異とは、標準原価による直接労務費と直接労務費の実際発生額との差額をいい、これを（部門別）又は作業種類別に賃率差異と作業時間差異とに分析する。

1　賃率差異とは、標準賃率と実際賃率との差異に基づく直接労務費差異をいい、標準賃率と実際賃率との差異に、（実際作業時間）を乗じて算定する。

2　作業時間差異とは、標準作業時間と実際作業時間との差異に基づく直接労務費差異をいい、標準作業時間と実際作業時間との差異に、（標準賃率）を乗じて算定する。

㈣ 製造間接費差異

製造間接費差異とは、製造間接費の標準額と実際発生額との差額をいい、原則として一定期間における部門間接費差異として算定し、これを（能率差異）、（操業度差異）等に適当に分析する。

問 題

以下の文章の（　）内に入る用語を考えなさい。

47 原価差異の会計処理

㈠ 実際原価計算制度における原価差異の処理は、次の方法による。

1 原価差異は、（材料受入価格差異）を除き、原則として当年度の売上原価に賦課する。

2 材料受入価格差異は、当年度の材料の（払出高）と（期末在高）に配賦する。この場合、材料の（期末在高）については、材料の適当な（種類群別）に配賦する。

3 （予定価格等）が不適当なため、（比較的多額）の原価差異が生ずる場合、直接材料費、直接労務費、直接経費および製造間接費に関する原価差異の処理は、次の方法による。

⑴ 個別原価計算の場合
次の方法のいずれかによる。

イ 当年度の売上原価と期末におけるたな卸資産に（指図書別）に配賦する。

ロ 当年度の売上原価と期末におけるたな卸資産に（科目別）に配賦する。

⑵ 総合原価計算の場合
当年度の売上原価と期末におけるたな卸資産に（科目別）に配賦する。

㈡ 標準原価計算制度における原価差異の処理は、次の方法による。

1 数量差異、作業時間差異、能率差異等であって（異常な状態）に基づくと認められるものは、これを（非原価項目）として処理する。

2 前記1の場合を除き、原価差異はすべて（実際原価計算制度）における処理の方法に準じて処理する。

Check!
&
Check!

DATE
　/
　/
　/

◆付　録◆

付録

貸借対照表

資　産　の　部	負　債　の　部
Ⅰ　流動資産	Ⅰ　流動負債
Ⅱ　固定資産	Ⅱ　固定負債
1．有形固定資産	純　資　産　の　部
2．無形固定資産	Ⅰ　株主資本
3．投資その他の資産	1．資本金
Ⅲ　繰延資産	2．資本剰余金
	(1)　資本準備金
	(2)　その他資本剰余金
	3．利益剰余金
	(1)　利益準備金
	(2)　その他利益剰余金
	任意積立金
	繰越利益剰余金
	4．自己株式
	Ⅱ　評価・換算差額等
	1．その他有価証券評価差額金
	2．繰延ヘッジ損益
	Ⅲ　株式引受権
	Ⅳ　新株予約権

付　録・・・損益計算書の表示例

営業損益計算	Ⅰ	売上高
	Ⅱ	売上原価
		売上総利益
	Ⅲ	販売費及び一般管理費
		営業利益
経常損益計算	Ⅳ	営業外収益
	Ⅴ	営業外費用
		経常利益
純損益計算	Ⅵ	特別利益
	Ⅶ	特別損失
		税引前当期純利益
		法人税、住民税及び事業税
		法人税等調整額
		当期純利益

株主資本等変動計算書

	株主資本								評価・換算差額等		株式引受権	新株予約権
	資本金	資本剰余金		利益剰余金			自己株式	株主資本合計				
		資本準備金	その他資本剰余金	利益準備金	その他利益剰余金				その他有価証券評価差額金	繰延ヘッジ損益		
					○○積立金	繰越利益剰余金						
当期首残高												
当期変動額												
新株の発行												
剰余金の配当												
○○積立金の積立												
当期純利益												
自己株式の取得												
自己株式の処分												
株主資本以外の項目の当期変動額(純額)												
当期変動額合計												
当期末残高												

付　録・・・連結貸借対照表の表示例

連結貸借対照表

資　産　の　部	負　債　の　部
Ⅰ　流動資産	Ⅰ　流動負債
Ⅱ　固定資産	Ⅱ　固定負債
1. 有形固定資産	**純資産の部**
2. 無形固定資産	Ⅰ　株主資本
のれん	1. 資本金
3. 投資その他の資産	2. 資本剰余金
Ⅲ　繰延資産	3. 利益剰余金
	4. 自己株式
	Ⅱ　その他の包括利益累計額
	1. その他有価証券評価差額金
	2. 繰延ヘッジ損益
	3. 為替換算調整勘定
	Ⅲ　株式引受権
	Ⅳ　新株予約権
	Ⅴ　非支配株主持分

付　録・・・包括利益を表示する計算書の表示例（2計算書方式）

連結損益計算書

Ⅰ　売　　　　上　　　　高
Ⅱ　売　　上　　原　　価
　　　　　売　上　総　利　益
Ⅲ　販売費及び一般管理費
　　　　の　れ　ん　償　却　額
　　　　　営　　業　　利　　益
Ⅳ　営　業　外　収　益
　　　持分法による投資利益
Ⅴ　営　業　外　費　用
　　　持分法による投資損失
　　　　　経　　常　　利　　益
Ⅵ　特　　別　　利　　益
Ⅶ　特　　別　　損　　失
　　　　税金等調整前当期純利益
　　　　法人税、住民税及び事業税
　　　　法　人　税　等　調　整　額
　　　　当　期　純　利　益
　　　　非支配株主に帰属する当期純利益
　　　　親会社株主に帰属する当期純利益

連結包括利益計算書

Ⅰ　当　期　純　利　益
Ⅱ　そ　の　他　の　包　括　利　益
　　　　その他有価証券評価差額金
　　　　繰　延　ヘ　ッ　ジ　損　益
　　　　為　替　換　算　調　整　勘　定
　　　　持分法適用会社に対する持分相当額
　　　　　その他の包括利益合計
Ⅲ　包　　括　　利　　益
　　　（内訳）
　　　　親会社株主に係る包括利益
　　　　非支配株主に係る包括利益

付　録・・・包括利益を表示する計算書の表示例（1計算書方式）

連結損益及び包括利益計算書

Ⅰ　売　　　　上　　　　高
Ⅱ　売　　上　　原　　価
　　　　売　上　総　利　益
Ⅲ　販売費及び一般管理費
　　　のれん償却額
　　　　営　業　利　益
Ⅳ　営　業　外　収　益
　　　持分法による投資利益
Ⅴ　営　業　外　費　用
　　　持分法による投資損失
　　　　経　常　利　益
Ⅵ　特　　別　　利　　益
Ⅶ　特　　別　　損　　失
　　　税金等調整前当期純利益
　　　法人税、住民税及び事業税
　　　法　人　税　等　調　整　額
　　　当　期　純　利　益
　　　（内訳）
　　　　親会社株主に帰属する当期純利益
　　　　非支配株主に帰属する当期純利益
　　　その他の包括利益
　　　　その他有価証券評価差額金
　　　　繰延ヘッジ損益
　　　　為替換算調整勘定
　　　　持分法適用会社に対する持分相当額
　　　　　その他の包括利益合計
　　　包　括　利　益
　　　（内訳）
　　　　親会社株主に係る包括利益
　　　　非支配株主に係る包括利益

283

付録

連結株主資本等変動計算書

	株主資本					その他の包括利益累計額			株式引受権	新株予約権	非支配株主持分
	資本金	資本剰余金	利益剰余金	自己株式	株主資本合計	その他有価証券評価差額金	繰延ヘッジ損益	為替換算調整勘定			
当期首残高											
当期変動額											
新株の発行											
剰余金の配当											
親会社株主に帰属する当期純利益											
自己株式の取得											
自己株式の処分											
株主資本以外の項目の当期変動額(純額)											
当期変動額合計											
当期末残高											

付　録・・・キャッシュ・フロー計算書の表示例

① **営業活動によるキャッシュ・フローを直接法で表示する場合**

I　営業活動によるキャッシュ・フロー
　　　営業収入　　　　　　　　　　　　　　　×××
　　　原材料又は商品の仕入支出　　　　　△×××
　　　人件費支出　　　　　　　　　　　　△×××
　　　その他の営業支出　　　　　　　　　△×××
　　　　　小　計　　　　　　　　　　　　　×××
　　　利息及び配当金の受取額　　　　　　　×××
　　　利息の支払額　　　　　　　　　　　△×××
　　　損害賠償金の支払額　　　　　　　　△×××
　　　法人税等の支払額　　　　　　　　　△×××
　　　営業活動によるキャッシュ・フロー　　×××

② **営業活動によるキャッシュ・フローを間接法で表示する場合**

I　営業活動によるキャッシュ・フロー
　　　税金等調整前当期純利益　　　　　　　×××
　　　減価償却費　　　　　　　　　　　　　×××
　　　貸倒引当金の増加額　　　　　　　　　×××
　　　受取利息及び受取配当金　　　　　　△×××
　　　支払利息　　　　　　　　　　　　　　×××
　　　為替差損　　　　　　　　　　　　　　×××
　　　有形固定資産売却益　　　　　　　　△×××
　　　売上債権の増加額　　　　　　　　　△×××
　　　たな卸資産の減少額　　　　　　　　　×××
　　　仕入債務の減少額　　　　　　　　　△×××
　　　　　小　計　　　　　　　　　　　　　×××
　　　利息及び配当金の受取額　　　　　　　×××
　　　利息の支払額　　　　　　　　　　　△×××
　　　損害賠償金の支払額　　　　　　　　△×××
　　　法人税等の支払額　　　　　　　　　△×××
　　　営業活動によるキャッシュ・フロー　　×××

③ 投資活動・財務活動によるキャッシュ・フローの区分

営業活動によるキャッシュ・フロー	×××
Ⅱ 投資活動によるキャッシュ・フロー	
有価証券の取得による支出	△×××
有価証券の売却による収入	×××
有形固定資産の取得による支出	△×××
有形固定資産の売却による収入	×××
投資有価証券の取得による支出	△×××
投資有価証券の売却による収入	×××
貸付けによる支出	△×××
貸付金の回収による収入	×××
投資活動によるキャッシュ・フロー	×××
Ⅲ 財務活動によるキャッシュ・フロー	
短期借入れによる収入	×××
短期借入金の返済による支出	△×××
長期借入れによる収入	×××
長期借入金の返済による支出	△×××
社債の発行による収入	×××
社債の償還による支出	△×××
株式の発行による収入	×××
自己株式の取得による支出	△×××
財務活動によるキャッシュ・フロー	×××
Ⅳ 現金及び現金同等物に係る換算差額	×××
Ⅴ 現金及び現金同等物の増加額	×××
Ⅵ 現金及び現金同等物期首残高	×××
Ⅶ 現金及び現金同等物期末残高	×××

日商簿記1級・全経簿記上級 理論問題集（改訂11版）

■発行年月日	2004年2月20日　初 版 発 行
	2024年6月1日　改訂１１版
■著　　　者	資格の大原 簿記講座
■発 行 所	大原出版株式会社
	〒101-0065
	東京都千代田区西神田1-2-10
	Ｔ Ｅ Ｌ　　03-3292-6654
■編集・制作	エイト印刷株式会社
■印刷・製本	エイト印刷株式会社

落丁本、乱丁本はお取り替えいたします。定価は表紙に表示してあります。
ISBN978-4-86783-143-4　C1034